GUMERSINDO DE AZCÁRATE
Y LA RENOVACIÓN
DE LA CIENCIA DEL DERECHO
EN EL SIGLO XIX

CARLOS VATTIER FUENZALIDA

GUMERSINDO DE AZCÁRATE Y LA RENOVACIÓN DE LA CIENCIA DEL DERECHO EN EL SIGLO XIX

Seminario Jerónimo González
Centro de Estudios Registrales
Colegio de Registradores de la Propiedad
y Mercantiles de España

I.S.B.N.: 84-88973-76-4
Depósito legal: M- 40.418-1998

J. SAN JOSE, S. A. - Leganitos, 24 - 28013 Madrid

Índice

I. Introducción 9

II. Datos biográficos y actividad profesional .. 15

III. Trayectoria política e ideología 27

IV. Metodología jurídica y obras de Derecho civil 53

V. Textos hipotecarios 93

    A. Estudio sobre el crédito territorial en España en 1868 93
    B. Transmisión (de bienes) por actos «inter vivos» 115
    C. Hipoteca 127
    D. Registro de la Propiedad 135
    E. Un libro sobre el Derecho inmobiliario español 161

VI. Apéndice 221

    A. Una memoria de cátedra ejemplar 221
    B. Relación de obras publicadas por Azcárate 270

VII. Bibliografía citada 279

I
Introducción

Gumersindo de Azcárate es una personalidad tan atractiva como de notable actualidad. Destaca en él, en un primer plano, el llamativo carácter de ser precursor en los más diversos campos de su pensamiento y actividad, que se extienden desde la política y la reforma social hasta la ciencia del Derecho y metodología jurídica. Personalidad que no ha resultado oscurecida por los grandes personajes con las que tuvo la suerte de convivir, como fueron sin duda Francisco Giner de los Ríos, Nicolás Salmerón, Adolfo González Posada o Melquíades Álvarez.

En efecto, anticipemos que Azcárate brilla con luz propia hasta nuestros días. Así, en el campo de la política y las reformas sociales, es un claro precursor tanto del Estado social y democrático de Derecho como de la monarquía democrática, que consagra hoy la Constitución de 1978; decidido partidario del *Welfare State*, desconfiaba sin embargo de la intervención directa del Estado y prefería lo que hoy se conoce como concertación social. Por otra parte, en el campo ciencia del Derecho, se puede decir que inauguró las disciplinas del Derecho comparado y de la sociología jurídica, uno y otra de renovada importancia para el lento proceso hacia la integración jurídica y política de la Unión Europea, al tiempo que se anticipó en casi ochenta años a la moderna protección de los consumidores. Por último, en el campo de la metodología, no sólo operó el tránsito del krausismo inicial hacia el positivismo posterior —respecto tanto del Derecho positivo como de la jurisprudencia de conceptos— y participó activamente en ese foco de dinamización cultural que fue la Institución Libre de Enseñanza, sino que ya en la discusión parlamentaria del Código civil dio claras muestras haber superado el método exegético y de encaminarse hacia el método dogmático o sistemático, como hemos tenido ocasión de poner de relieve en otro lugar [1], e incluso intuyó, en los términos que veremos en su momento, la todavía pendiente unificación del Derecho privado en un solo Código.

Nada debe extrañar, pues, que Azcárate haya llamado constantemente la atención y que exista una bibliografía sobre el mismo relativamente abundante. Desde las notas necrológicas publicadas a raíz de su muerte en 1917, debidas nada menos que a José Ortega y Gasset o a Miguel de Unamuno, entre otros [2], se han estudiado las diversas facetas de su personalidad; en particular, se han examina-

---

[1] Nos referimos a nuestro trabajo *Alonso Martínez, la codificación y la ciencia del Derecho civil en el siglo XIX*, en *Manuel Alonso Martínez. Vida y obra*, coordinado por C. Rogel y C. Vattier, Madrid, 1991, pág. 541.

[2] *Vid.* J. ORTEGA Y GASSET, en *El Sol*, de 15 de diciembre de 1917, y M. DE UNAMUNO, en *El Día*, de 17 de diciembre de 1917; ambas notas se recogen en el *Boletín de la Institución Libre de Enseñanza*, 1918, núm. 694, junto con otras semblanzas y recuerdos de Azcárate.

do con cierto rigor sus orientaciones filosóficas [3], ideológicas [4], políticas [5], sociales [6] y sus dotes de historiador [7], e incluso se han publicado tres biografías sobre nuestro autor [8].

---

[3] *Vid.* para esto, en el contexto general del organicismo, J. J. GIL CREMADES, *El reformismo español. Krausismo, escuela histórica, neotomismo*, Barcelona, 1969, págs. 51 y ss. y 181 y ss.; es de interés la bien informada obra de J. L. ABELLÁN, *Historia crítica del pensamiento español*, IV, Madrid, 1984, páginas 394 y ss., y V-I, Madrid, 1989, págs. 74 y ss.

[4] *Vid.* principalmente el completo estudio crítico de E. DÍAZ, *Estudio preliminar*, en G. DE AZCÁRATE, *Minuta de un testamento*, Barcelona, 1967, págs. 34 y ss., y con mayor amplitud, *La filosofía social del krausismo español*, Madrid, 1973, págs. 171 y ss.

[5] Sobre este aspecto, *vid.* J. R. TORREGROSA PERIS, *El pensamiento político de Don Gumersindo de Azcárate*, en *Revista de Estudios Políticos*, 135-136, 1964, págs. 121 y ss., que se ocupa de los conceptos de política, sociedad, soberanía y Estado.

[6] *Vid.* L. LEGAZ LACAMBRA, *El pensamiento social de Gumerdindo de Azcárate*, en *Estudios de historia social de España*, I, Madrid, 1960, págs. 28 y ss., y A. TUR FERRER, *El pensamiento social de Gumersindo de Azcárate*, Madrid, 1995.

[7] Destaca tales dotes L. GARCÍA DE VALDEAVELLANO, *Don Gumersindo de Azcárate, historiador. (con motivo de un cincuentenario)*, en *Boletín de la Real Academia de la Historia*, 1969, págs. 75 y ss., y un apunte breve del mismo autor, *Historiadores en la Institución*, en *En el centenario de la Institución Libre de Enseñanza*, Madrid, 1977, págs. 84-85; asimismo, R. CARANDE, *Azcárate en sus últimos años*, en *Insula*, 1967, págs. 1 y 10; y en el cuadro de la reciente revalorización del krausismo, *vid.* el importante estudio de J. M. PÉREZ-PRENDES, *Las ciencias jurídicas*, en *Historia de España Menéndez Pidal*, XXXIX-II, coordinado por P. Laín Entralgo, Madrid, 2.ª ed. 1996, págs. 341 y ss.

[8] Se trata, sin embargo, de obras desiguales. Mientras la de los hermanos A. y A. GARCÍA CARRAFFA, *Azcárate*, Madrid,

Por eso, nos limitamos aquí a ofrecer una síntesis de la vida, la actividad profesional y política, así como de la obra científica, de nuestro personaje, a fin de poder valorar la dimensión histórica del mismo y de su obra. Con todo, hay un aspecto algo descuidado, que es el papel de Azcárate como jurista, señaladamente en cuanto civilista, sobre todo en el plano metodológico, y que constituye el objeto principal de esta semblanza, en la idea de que contribuya modestamente a la historia de la civilística española que está todavía sin hacer ni escribir.

En especial, ha observado A. Pau Pedrón, que Azcárate era, como Letrado de la Dirección de los Registros, un buen conocedor de la legislación hipotecaria y que este rasgo de su personalidad ha pasado casi inadvertido lo mismo a sus biógrafos que a los estudiosos del Derecho hipotecario —salvo a Don Jerónimo González— [9]; observación atinada que explica la inclusión de la presente selección de textos hipotecarios de Azcárate en la espléndida Colección de obras clásicas que el men-

---

1917, es un anecdotario basado en entrevistas sostenidas con nuestro autor, el trabajo de P. DE AZCÁRATE, *Gumersindo de Azcárate. Estudio biográfico documental. Semblanza, epistolario, escritos*, Madrid, 1969, es una obra completa, seria y documentada que recoge sus estudios anteriores sobre el tema y de la que proceden las fotografías que reproducimos en este texto. En fin, la biografía más reciente de A. MARCOS OTERUELO, *El pensamiento de Gumersindo de Azcárate*, León, 1981, es algo desordenada en los datos biográficos y resume algunas de sus obras de forma acrítica, pero desarrolla puntos de interés.

[9] *Vid.* A. PAU PEDRÓN, *Bienvenido Oliver, en el pensamiento español del siglo XIX*, Madrid, 1997, pág. 63.

cionado autor dirige. Además, la publicación de estos textos es sumamente oportuna, dada la coincidencia, con algún retraso, con el centenario de la muerte de nuestro biografiado, como veremos a continuación.

II

Datos biográficos y actividad profesional

En efecto, Gumersindo de Azcárate y Menéndez nació en León el 13 de enero de 1840, siendo el mayor de los cinco hijos habidos en el matrimonio del también leonés Patricio de Azcárate y del Corral y de la asturiana Jesusa Menéndez y Morán. Contrajo dos matrimonios, aunque no tuvo descendencia; el primero, en 1866, con Emilia Inerarity, de origen anglocubano, duró apenas dos años, y el segundo, que fue de carácter mixto por declararse no católico, con María Benita Álvarez y Guijarro en 1882, sobrina del jurista burgalés Cirilo Álvarez Martínez, quedando viudo por segunda vez en 1902. Pese a estas desgracias personales, mantuvo por largos años una vida profesional y pública agitada e intensa, a veces controvertida y desconcertante; quebrantada su salud, muertos sus principales amigos, apartado casi de la política y la enseñanza, estuvo en activo hasta sus últimos días como Presidente del Instituto de Reformas Sociales, en una de cuyas sesiones sufrió un ataque cerebral que le produjo la muerte el 15 de diciembre de 1917, en su casa de la calle Velázquez, 72, siendo enterrado, según su expresa voluntad, en el cementerio civil de Madrid.

Azcárate comenzó su formación de la mano de su propio padre, que «era abogado y gozaba de una cómoda y aun burguesa posición social» [10]. Era su padre un hombre liberal, que fue elegido Diputado en 1841 y nombrado Gobernador Civil durante el Bienio y la etapa de la Unión Liberal; además, tradujo a Platón y a Leibnitz, era aficionado a la filosofía, a la que dedicó obras de tipo enciclopédico, como la *Exposición histórico-crítica* de los distintos sistemas filosóficos, desde la Antigüedad hasta Hegel y la escuela escocesa, y tuvo relaciones de colaboración y amistad tanto con Julián Sanz del Río como con el Rector de la Universidad Central de Madrid, Fernando de Castro [11], que prepararon la ulterior inserción de nuestro autor en el círculo krausista de Madrid, donde asistió a las reuniones casi secretas que tenían lugar en la calle Cañizares. Además, es probable que Azcárate no perteneciera a la masonería [12].

---

[10] Según los expresivos términos de A. y A. GARCÍA CARRAFFA, *op. cit.*, pág. 14; volveremos sobre este punto al tratar la carrera política de Azcárate.

[11] *Vid.* Patricio DE AZCÁRATE, *Exposición histórico-crítica de «los sistemas filosóficos modernos» y los verdaderos principios de la ciencia*, 4 tomos, Madrid, 1861; sobre este autor, A. MARCOS OTERUELO, *op. cit.*, págs. 49 y ss., ampliamente; asimismo, N. DE SOSA, *Patricio de Azcárate, un leonés universal*, Salamanca, 1982.

[12] Un claro indicio en este sentido es la carta de Azcárate de noviembre de 1898 en la que declina colaborar en la erección de una estatua de Augusto Comte, que transcribe P. DE AZCÁRATE, *op. cit.*, pág. 377, n.º 243. Sobre las ideas religiosas de nuestro autor, *vid.* G. DE AZCÁRATE, *Minuta de un testamento*, cit., págs. 108 y ss. y también 257 y ss., donde recoge su conferencia *La religión y las religiones*, de 16 de mayo de 1909; ampliamente, E. DÍAZ, *La filosofía social del krausismo*

El joven Azcárate empezó la carrera de Derecho en la Facultad de Oviedo, en 1855, con la que mantuvo estrechos vínculos a lo largo de su vida a través de Manuel Pedregal, Adolfo Álvarez Buylla, Adolfo Posada y Melquíades Álvarez, principalmente; al cabo de tres años, se trasladó a la Universidad Madrid, donde obtuvo la Licenciatura en Derecho en 1862 y el grado de Bachiller en Filosofía en 1865, doctorándose en Derecho en 1869 con una tesis titulada *Juicio crítico de la Ley 61 de Toro*. Entre sus maestros, destacaron, en la Facultad de Derecho, Benito Gutiérrez Fernández, como él mismo reconoce [13], y fuera de ella, el propio Julián Sanz del Río, el padre del krausismo en España, escuela a la que perteneció Azcárate en su juventud, formando parte de la llamada segunda promoción, junto a Nicolás Salmerón, Francisco Giner de los Ríos,

---

español, cit., págs. 213 y ss., por todos; en fin, a juicio de J. L. ABELLÁN, *op. cit.*, IV, pág. 490, se trataba del cristianismo racional que imperaba entonces en las minorías europeas.

[13] Nos permitimos remitir para este punto a nuestra *op. cit.*, pág. 537 y, sobre Benito Gutiérrez, 523 y ss.; ampliamente, R. GIBERT, *Benito Gutiérrez: redactor y orador del Código civil*, en *Centenario del Código civil*, dirigido por F. Rico Pérez, V, Madrid, 1993, págs. 133 y ss., y J. C. DOMÍNGUEZ NAFRIA, *El jurisconsulto Benito Gutiérrez, entre la historia y la razón*, Madrid, 1997. Sobre la tesis doctoral de nuestro autor, *vid*. L. GARCÍA DE VALDEAVELLANO, *Don Gumersindo de Azcárate, historiador*, cit., págs. 78-80, que se publicó tardíamente en la *Revista de Ciencias Jurídicas y Sociales*, 1918, páginas 12 y ss.; indica que dicha tesis está fechada el 25 de octubre de 1869, P. DE AZCÁRATE, *op. cit.*, pág. 583. Se confunde J. J. GIL CREMADES, *op. cit.*, pág. 46, nota 93, por tanto, cuando afirma que la tesis doctoral de nuestro autor es el trabajo publicado en 1871 que estudiaremos más adelante.

Rafael de Labra, Segismundo Moret, Augusto Comas, entre otros, es decir, la promoción que fundó la Institución Libre de Enseñanza en 1876, en colaboración con destacados políticos liberales como Laureano Figuerola o Eduardo Montero Ríos [14].

Nada más acabar la carrera, Azcárate inició una doble actividad funcionarial, tanto en el Ministerio de Gracia y Justicia como en la Universidad Central de Madrid. En efecto, sabemos que fue Letrado de la Dirección General de los Registros, a la que ingresó por oposición en 1861, ante un tribunal presidido por Francisco de Cárdenas [15], alcanzando la categoría de Jefe de Negociado. Abandonó dicha Dirección en 1873 para dedicarse a la carrera universitaria, tras haber ejercido el cargo de Director General, entre marzo y mayo del citado año, durante el gobierno presidido por Estanislao Figueras en la I República, siendo Salmerón Ministro de Gracia

---

[14] Para las célebres «hornadas» krausistas, como M. Menéndez Pelayo las denominaba despectivamente, J. L. ABELLÁN, *op. cit.*, IV, págs. 472-473, por todos.

[15] Recuerda este dato A. MARCOS OTERUELO, *op.cit.*, página 154; sobre el citado jurista e historiador, *vid*. J. L. DE LOS MOZOS, *El hipotecarista Francisco de Cárdenas: trabajos y empeños de su vida y de su obra*, Madrid, 1997. Entre los años 1869 y 1870 Azcárate fue declarado cesante por solidarizarse, junto con cuatro compañeros, con Miguel Ramírez Mirantes, que había sido expulsado injustamente de la Dirección General; fue reintegrado como consecuencia de un pleito que ganó Estanislao Figueras, como abogado. Es durante esta cesantía cuando Azcárate fue contratado como Auxiliar de la Cátedra de Economía Política en la Universidad Central. Informan de todo esto A. y A. GARCÍA CARRAFFA, *op. cit.*, páginas 40-41.

y Justicia, breve episodio que nuestro autor aprovechó, según recuerda Giner de los Ríos, para introducir la publicidad previa de los programas en las oposiciones al cuerpo de letrados.

Por esos años, Azcárate trabó una relación estrecha con Bienvenido Oliver [16], cuya casi olvidada recensión del *Derecho Inmobiliario Español*, es uno de los textos hipotecarios que publicamos aquí. Sin embargo, llama la atención que hacia el final de su amplio estudio Azcárate disienta del método de exposición sistemático, dogmático o constructivo que prefiere Oliver, influido probablemente por Rudolph von Ihering, que hacía diez años Felipe Sánchez Román había divulgado entre nosotros [17]. Esta disensión es llamativa, por una parte, porque que nuestro autor adopta un método semejante en sus obras de Derecho civil y en el examen crítico del Código; y, por otra parte, también lo es que tal divergencia metodológica no se extienda al método positivista del que Oliver se declara resuelto partidario para desentrañar el pensamiento del legislador y el verdadero propósito

---

[16] Sobre esta relación, *vid*. A. PAU PEDRÓN, *op. cit.* páginas 62 y 85 y ss.

[17] Nuestro autor alude probablemente aquí a B. OLIVER Y ESTELLER, *Derecho inmobiliario español. Exposición fundamental y sistemática de la Ley hipotecaria*, I, Madrid, 1892, págs. 852-853; nos referimos en el texto a la conferencia de F. SÁNCHEZ ROMÁN, *Técnica jurídica*, en *Revista General de Legislación y Jurisprudencia*, 51, 1881, págs. 361 y ss. Recuérdese que cuando Azcárate alude a la obra clásica de este autor en los trabajos que veremos más adelante, se está refiriendo a la primera versión, *Estudios de ampliación del Derecho civil y Códigos españoles*, Granada, 1879.

que presidió la redacción de la Ley hipotecaria [18], sobre lo que Azcárate, en cambio, no se pronuncia, con lo que da a entender que comparte tal orientación metodológica.

Mucho más larga y accidentada fue la carrera universitaria de nuestro personaje, que comenzó en 1868 al ser contratado por la Universidad de Madrid como Profesor Auxiliar de la Cátedra de Economía Política y Estadística y al año siguiente de la de Legislación Comparada en 1869. En 1873 obtuvo por oposición esta última Cátedra, ante un tribunal presidido por Antonio Cánovas del Castillo e integrado por Benito Gutiérrez, entre otros [19], en la que sucedió a Juan Manuel Montalbán y de la que fue separado en 1875 como consecuencia de la llamada segunda cuestión universitaria.

---

[18] *Vid*. B. OLIVER Y ESTELLER, *op. cit.*, pág. 12.

[19] Para algunas anécdotas de esta oposición, *vid*. A. y A. GARCÍA CARRAFFA, *op. cit.*, págs. 52-54; el resultado favorable a Azcárate habla bien de la imparcialidad de Benito Gutiérrez que se caracterizaba, en palabras de J. M. PÉREZ-PRENDES, *op. cit.*, pág. 379, por un «antikrausismo desdeñoso y expreso». En todo caso, es significativo que Azcárate haya pensado publicar alguna nota crítica sobre el autor burgalés, como se desprende de una carta dirigida a Francisco Giner de los Ríos de fecha 7 de octubre de 1876, en la que dice textualmente: «D. Benito Gutiérrez ha leído su discurso de apertura sobre el *influjo del principio democrático sobre el derecho privado*. He comenzado a escribir mi artículo sobre él; ¿lo cree V. inoportuno dada nuestra situación?»; *vid*. para esto P. DE AZCÁRATE, *op. cit.*, pág. 164, n.º 19. Aunque no conocemos la respuesta de Giner, es probable que tal artículo sea su estudio *Influencia del principio democrático sobre el derecho privado*, publicado en la *Revista de España*, 1876.

Esta parte de la historia es sumamente conocida, pero conviene que recordemos sus aspectos fundamentales. Es bien sabido que las restricciones a la libertad de cátedra fueron un mal endémico en nuestro siglo pasado, y han continuado con desgraciados ejemplos en el siglo actual. Una primera manifestación se produjo cuando el Gobierno presidido por el General Narváez quizo abrir un expediente a Emilio Castelar a fin de expulsarle de la Universidad en 1865; sin embargo, el intento quedó sin efecto, tras la denominada «noche de San Daniel» —brutal represión de los estudiantes que dieron una serenata en apoyo del Rector que había dimitido— por la caída del Gobierno. Al año siguiente, se formó otro Gobierno del mismo signo moderado en el que figuraba el tristemente célebre Marqués de Orovio como Ministro de Fomento, que ordenó la separación de los Profesores que divulgaran ideas erróneas o perniciosas en sus explicaciones o publicaciones. De acuerdo con esto, se dispuso la separación de Sanz del Río, De Castro y Salmerón, que duró hasta el triunfo de la revolución de septiembre de 1868.

Es en 1875 cuando se presenta la segunda cuestión universitaria, bajo el primer Gobierno de la Restauración que presidió Cánovas, en el que Orovio volvió al Ministerio de Fomento y dispuso por Real Decreto de 26 de febrero de 1875 la presentación de libros y programas para su aprobación por el Gobierno, al tiempo que ordenó a los Rectores por Circular de la misma fecha que impidieran la enseñanza de ideas contrarias al dogma católico y al régimen constitucional. Esta medida provocó la separación y encarcelamiento de los Catedráticos de Santiago de Compostela Augusto González Linares y Laureano Calderón por su inclinación al evolucionismo [20], y la reacción de cerca de cuarenta Profesores que se solidarizaron con los sancionados; entre éstos destacaban, Giner de los Ríos, Salmerón y Azcárate, que, además de ser separados de sus Cátedras, fueron confinados por casi cuatro meses en Cádiz, Lugo y Cáceres, respectivamente.

Al regresar a Madrid, estos y otros Profesores constituyeron una asociación, presidida por Laureano Figuerola, con el fin de fundar una institución consagrada al cultivo y la propagación de la ciencia por medio de la enseñanza, que llegó a contar con más de trescientos socios, entre los que figuraba, por ejemplo, Manuel Alonso Martínez. Dicha institución se denominó Institución Libre de Enseñanza, fue autorizada oficialmente en 1876, y Azcárate fue el primer presidente de su Junta Facultativa y posterior Rector. Fue también Profesor de Ampliación de Derecho Civil en la Escuela de Derecho, de Bibliografía Política en la de Ciencias Sociales y de Historia del Derecho en el curso de Doctorado, que desaparecieron hacia 1880 por falta de alumnos [21].

---

[20] Tal fue el motivo que desencadenó las medidas de Orovio, como lo pone de relieve J. CARO BAROJA, «*El miedo al mono*» *o la causa directa de la «cuestión universitaria», en 1875*, en En el centenario de la Institución Libre de Enseñanza, cit., págs. 23 y ss.

[21] Para esto son clásicas las obras de V. CACHO VIU, *La Institución Libre de Enseñanza*, I, Madrid, 1962, y A. JIMÉNEZ-LANDI MARTÍNEZ, *La Institución Libre de Enseñanza y su ambiente. Los orígenes*. Madrid, 1973; un buen resumen ofrece

Al año siguiente, en 1881, Azcárate fue reintegrado en la Cátedra, pero hubo de explicar Historia del Derecho hasta 1885 e Instituciones de Derecho Privado hasta 1892, en que pudo ser nombrado de nuevo Catedrático de Legislación Comparada, con docencia sólo en el Doctorado, que ejerció de forma ininterrumpida hasta su jubilación voluntaria en 1915, Cátedra que se transformó a petición propia en la de Política Social. Entre sus discípulos más destacados, recordaba a Antonio Maura Montaner y a Niceto Alcalá-Zamora y Castillo, y se cuenta la anécdota de que el Rey Alfonso XIII asistió un día a su clase en 1904 [22].

Para completar esta trayectoria académica, recordemos los dos cargos de nuestro biografiado en la Universidad Central de Madrid. En 1873 fue Secretario de la Facultad de Derecho, el mismo año en que obtuvo la Cátedra, y tras su jubilación se le nombró Rector Honorario por Real Decreto de 31 de diciembre de 1915.

Paralelamente, Azcárate desplegó su actividad intelectual fuera de la Universidad y ejerció otros car-

---

J. L. ABELLÁN, *op. cit.*, V-I, págs. 147 y ss.; sobre los cursos de Derecho y Ciencias Sociales, *vid.* J. J. GIL CREMADES, *op. cit.*, págs. 197-199.

[22] *Vid.* para estas anécdotas A. y A. GARCÍA CARRAFFA, *op. cit.*, págs. 58 y 223-226, respectivamente. En términos generales, explica C. PETIT, *El Código inexistente (II),* en *Anuario de Derecho Civil,* 1996, págs. 1415 y ss., en concreto, 1420, que, en aquellos años, «el profesor del Doctorado es muy influyente: en el giro de unos años habían pasado por sus manos la *élite* profesional española y desde luego muchos catedráticos de Derecho».

gos relacionados con la educación y las reformas sociales. En cuanto a la primera, ingresó en el Ateneo de Madrid en 1862, llegando a ser designado Presidente del mismo en 1892 y socio de mérito en 1896. De sus trabajos en el Ateneo, merecen señalarse el *Resumen de un debate sobre el problema social*, que estudiaremos más adelante, y *Positivismo y civilización*, ambos publicados en 1876, su estudio sobre *Olózaga. Orígenes, ideas y vicisitudes del partido progresista*, de 1886, y su trabajo sobre los *Deberes y responsabilidades de la riqueza*, publicado en 1892. En el decenio siguiente, fue admitido en la Real Academia de Legislación y Jurisprudencia, de la que fue Vicepresidente en 1875. En 1890 fue nombrado Vocal de la Comisión General de Codificación, y al año siguiente entró en la Academia de Ciencias Morales y Políticas, con un discurso sobre el *Concepto de sociología*, que contestó Francisco Silvela; en 1910, por último, pronunció su discurso de ingreso en la Academia de la Historia, que versó sobre el *Carácter científico de la Historia*, aunque había sido propuesto en 1898 para suceder a Francisco de Cárdenas a iniciativa, entre otros, de Bienvenido Oliver y Eduardo de Hinojosa[23].

Por lo que se refiere a las últimas, Azcárate fue miembro del Consejo de Instrucción Pública desde 1900, y Vicepresidente de la Junta de Ampliación de Estudios e Investigaciones Científicas desde su creación en 1907. Creada la Comisión de Reformas

---

[23] Sobre la tardía recepción de Azcárate en la Real Academia de la Historia, *vid*. L. GARCÍA DE VALDEAVELLANO, *Don Gumersindo de Azcárate, historiador*, cit. pág. 95.

Sociales en 1883, Azcárate fue nombrado Vocal de la misma, que presidía su amigo Segismundo Moret, y Secretario General en 1890, correspondiéndole un papel destacado tanto en la redacción del Real Decreto de creación, de 5 de diciembre de 1883, como en la preparación del *Cuestionario* formulado por la Comisión en 1884; asimismo, fue Presidente del Instituto de Reformas Sociales desde su constitución por Real Decreto de 23 de abril de 1903 y de la Comisión Gestora del Instituto Nacional de Previsión formada en 1908.

Finalmente, ejerció Azcárate la profesión de abogado desde el año 1862, en que se matriculó en el Colegio de Madrid, principalmente en el terreno extrajudicial de la asesoría, el dictamen y el arbitraje. No está demás apuntar que, desde 1885, fue consultor jurídico de la Embajada Británica en Madrid, y que perteneció a numerosas comisiones técnicas y organismos que hoy consideraríamos de interés general, tales como la enseñanza de la mujer, la abolición de la esclavitud, la protección de los trabajadores, el comercio internacional y el Derecho comparado; en particular, son de recordar la Fundación Francisco Gines de los Ríos, de Madrid, y la Fundación Sierra-Pambley, de León, en la que se conserva la «Biblioteca de Azcárate» [24].

---

[24] *Vid.* la correspondiente lista de instituciones en P. DE AZCÁRATE, *op. cit.*, pág. 141, nota 7. Aprovechamos para agradecer desde aquí a la mencionada Fundación leonesa la valiosa colaboración que nos ha brindado, en especial a la Bibliotecaria de la misma, D.ª Carmen Tejero, quien nos ha facilitado los documentos manuscritos que se reproducen en el presente volumen.

III

Trayectoria política e ideología

Tras exponer estos hechos escuetos, entramos ahora en el difícil e importante terreno de la agitada actividad política de nuestro autor, que se extiende por casi medio siglo, entre la Gloriosa de septiembre de 1868 hasta el llamado Gobierno Nacional de Antonio Maura de 1918, que se forma al año siguiente de su muerte en 1917.

Durante este prolongado período, Azcárate asistió a la aludida revolución y participó en la I República, que marcará para siempre su adscripción al republicanismo y cuyo programa democrático intentó imponer, en la última fase de su carrera política, mediante el Partido Reformista. En los largos años de la Restauración, formó parte de la minoría de oposición, si bien apoyó en ocasiones iniciativas que eran, a su juicio, razonables, como el Proyecto de Código civil o el Proyecto de Ley sobre administración local presentado por Maura en 1907, al tiempo que logró a veces que la mayoría de turno apoyara sus propias iniciativas, como la creación de la Comisión y después el Instituto de Reformas Sociales o la Ley de represión de la usura de 1908, que lleva merecidamente su nombre.

Tras el Desastre, permaneció al margen de la reacción regeneracionista de los intelectuales de

1898 y, frente a la crisis del régimen inventado por Cánovas —debida a factores tan diversos como los desórdenes de Cataluña, el movimiento obrero, los fracasos militares en Marruecos, las consecuencias de la Gran Guerra mundial y luego la revolución rusa— se mostró dispuesto a asumir tareas de gobierno, a través del Partido Reformista, constituido con este propósito en 1912. En fin, el agitado año 1917, marcado por las Juntas de Defensa, la huelga general del verano y la Asamblea de Parlamentarios que reclamaba un período constituyente, le encuentra retirado ya de la política por haber perdido su escaño parlamentario el año anterior, acaso como consecuencia de la enfermedad que le produjo la muerte y cuyos primeros síntomas aparecieron en el otoño de 1915 [25].

Es claro, pues, que Azcárate mantuvo a lo largo de su vida un proyecto político coherente e independiente, que le confirió tanta autoridad moral como influencia política y prestigio social, incluso más allá de los partidos y de los votos. Un proyecto político liberal, democrático, reformista y basado en el Estado de Derecho que no ha perdido su vigencia sino que perdura hasta nuestros días. En efecto, si es verdad que Manuel Azaña entronca con dicho proyecto, como observa M. Tuñón de Lara [26], pues no en vano comienza su vida pública en el mencionado Partido Reformista, no lo es

---

[25] Señala P. DE AZCÁRATE, *op. cit.*, pág. 35, que padecía arterioesclerosis desde esa época.

[26] *Vid.* en este sentido M. TUÑÓN DE LARA, *Medio siglo de cultura española (1885-1936)*, Madrid, 2.ª ed. 1971, pág. 276.

menos que desde la perspectiva de la crisis del liberalismo, en palabras de F. J. Laporta, se puede intentar descubrir un puente entre el reformismo social y liberal de un Azcárate y el socialismo humanista de Fernando de los Ríos[27], cuyo socialismo liberal ha recobrado hoy, una vez abandonados los prejuicios marxistas, plena vigencia y actualidad[28].

Con todo, los comienzos de la brillante carrera política de Azcárate no fueron fáciles, tanto por su actuación en el Sexenio Democrático como por el caciquismo que imperaba en la Restauración, que él mismo fue uno de los primeros en denunciar[29], y aunque también lo padeció, parece que no dejó de disfrutar[30].

En cuanto al primer aspecto, tenemos el testimonio sincero del propio Azcárate sobre este punto. Como dice «W», pseudónimo bajo el que se amparó

---

[27] *Vid.*, en efecto, F. J. LAPORTA, *Adolfo Posada: política y sociología en la crisis del liberalismo español*, Madrid, 1974, página 10.

[28] Como lo pone de relieve el mismo F. J. LAPORTA en su reseña de las *Obras completas* de Fernando de los Ríos, editadas por T. Rodríguez de Lecea, 5 tomos, Barcelona, 1997, publicada en *El País* (Suplemento cultural Babelia), 17 de enero de 1998.

[29] Estima M. TUÑÓN DE LARA, *op. cit.*, pág. 52, que Azcárate se adelantó a los politicólogos de su tiempo, pues «es él quien define el caciquismo como la *Constitución real* de España» (subrayado en el texto).

[30] En este sentido J. VARELA ORTEGA, *Los amigos políticos. Partidos, elecciones y caciquismo en la Restauración (1875-1908)*, Madrid, 1977, págs. 381-382, y R. SERRANO GARCÍA, *La élite parlamentaria leonesa: entre Fernando Merino y Gumersindo de Azcárate*, en *Élites castellanas de la Restauración. Una aproximación al poder político en Castilla*, dirigida por P. Carasa Soto, II, Salamanca, 1997, pág. 131.

nuestro autor en su célebre *Minuta de un testamento*, se sentía heredero de la tradición ilustrada, estuvo afiliado al partido progresista, conspiró y tomó parte en la revolución de septiembre de 1868, parece que cerca de Juan Prim y de Figuerola, y hasta 1874 perteneció al grupo más liberal dentro de la Monarquía, e incluso colaboró, como sabemos, en el Gobierno presidido por Figueras; por otra parte, pese a ser un republicano convencido, aceptó al Rey Amadeo de Saboya y vio «con pena el criminal movimiento cantonal, con repugnancia el acto de fuerza de 2 de enero de 1874, y sin sorpresa el de 31 de diciembre del mismo año»; en fin, se mostró escéptico ante la Restauración, pues la Monarquía, a su juicio, parecía incompatible con una «República reformista y conservadora a la vez» que, «lejos de ser indiferente ante los dolores de las clases menos acomodadas, procura buscar remedios para ellos en la esfera que incumbe al Estado».

Sin embargo, dado el propósito del Monarca, todavía niño, de ser un Rey constitucional, abrigaba la esperanza de que la Monarquía sea «expansiva, tolerante, respetuosa del Derecho» y prepare el camino a las reformas sociales y políticas que piden los tiempos, lo que le parecía dudoso en la medida en que subsistiera la distinción entre los partidos políticos legales y los partidos ilegales [31].

Por lo que respecta al caciquismo que predominaba de hecho en la Restauración, sabemos que Azcárate pertenecía por razón de su familia a la élite polí-

---

[31] *Vid.* G. DE AZCÁRATE, *Minuta de un testamento*, cit., páginas 158-159 y 163-167.

tica y intelectual de León, aunque no estaba vinculado a las familias oligárquicas, cuya base económica era la minería, la industria y la gran propiedad, salvo alguna relación de parentesco colateral. Acaso por este motivo, tuvo que esperar veinte años para llegar a las Cortes y sufrir tres derrotas electorales, hasta ser elegido por primera vez en 1886, tras una dura batalla contra el candidato del Gobierno, el liberal Dámaso Merino, que le había derrotado en la elección anterior del año 1881.

A partir de este momento, en que recuperó el escaño que había ocupado su padre, obtuvo once actas de Diputado en las elecciones sucesivas, siempre en las filas republicanas hasta las de 1914, en que representó a los reformistas, con la breve interrupción de 1896 a 1898, debida al retraimiento de su partido. Sin embargo, en las siguientes elecciones, celebradas en 1916, fue derrotado por el liberal José Eguiagaray, que pertenecía a la camarilla de Fernando Merino, Conde de Sagasta, hijo de Dámaso Merino y yerno del gran político liberal, por sólo 800 votos, resultado que provocó el escandaloso apedreamiento de la casa del vencedor, cuyo padre había sido Alcalde republicano de León en 1873.

Aunque se le ofreció un puesto de Senador vitalicio por designación real, Azcárate prefirió ser elegido por su Universidad Central de Madrid, de la que era Rector honorario, pero resultó también derrotado por Luis Ortega Morejón, por lo que en 1916 se cierra su carrera política [32].

---

[32] A juicio de P. DE AZCÁRATE, *op.cit.*, pág. 105, esta derrota electoral contó con la «complicidad por omisión de Maura»;

Como ha señalado recientemente el historiador R. Serrano García, este largo y constante predominio de Azcárate constituye una particularidad del distrito electoral de León, por tratarse de un político ajeno al turno dinástico. Si bien fue víctima de la maquinaria caciquil, incurrió también en el mismo defecto, sobre todo en las zonas rurales; así, hizo elegir Diputado en 1901 a su amigo, el «cunero» Rafael M.ª de Labra, por la Sociedad Económica de Amigos del País, y sus seguidores se reorganizaron, tras su muerte, para elegir a su sobrino Pablo de Azcárate y Flórez por los reformistas en 1918. Con todo, el predominio político de nuestro autor no estuvo subordinado a los intereses locales y facilitó la renovación del panorama intelectual en León, sin universidad propia, por sus relaciones con la Institución Libre de Enseñanza y la Residencia de Estudiantes [33].

A lo largo de estos cerca de treinta años, Azcárate participó activamente, además, en los partidos y en la vida política de la época. Acaso por fidelidad a Salustiano Olózaga, en la I República le hemos visto adscrito al Partido Progresista y luego al Partido Republicano-Reformista de Manuel Ruiz Zorrilla, junto a Figuerola y Salmerón, con el que mantuvo una relación de amistad y de colaboración, que duró hasta la muerte de este último en 1908.

---

para el largo itinerario político de nuestro autor, *vid*. R. SERRANO GARCÍA, *op. cit.*, págs. 219-223.

[33] *Vid.* para esto el amplio estudio de R. SERRANO GARCÍA, *op. cit.*, II, págs. 229 y ss.

Durante la Restauración, figuró en el Partido Progresista-Democrático presidido por Ruiz Zorrilla, pero dirigido por Cristino Martos; desde 1880, perteneció al Partido Democrático-Progresista, de un marcado carácter republicano, del que fue Vicepresidente y por el que fue elegido Diputado por primera vez en 1886. Formada la Unión Republicana Reformista en 1891, apareció como uno de sus dirigentes, junto a Salmerón y Labra, ocupando cargos directivos, durante doce años, en los sucesivos órganos de unificación de los distintos grupos republicanos, tales como el Directorio Republicano, constituido en 1899, o el Comité parlamentario de Conjunción Republicano-Socialista. Constituido este último en 1910, se regía por una Comisión integrada por Azcárate, Benito Pérez Galdós y Melquíades Álvarez, quienes, junto a otros intelectuales como Adolfo Posada, José Ortega y Gasset, Manuel Azaña y José Manuel Pedregal, entre otros, fundaron el Partido Reformista dos años después [34].

---

[34] Para las vicisitudes de los partidos republicanos, *vid.* M. ARTOLA, *Partidos y programas políticos 1808-1936*, I, Madrid, 1974, págs. 370 y ss. y, en especial para la mencionada Conjunción parlamentaria, 401 y ss., y M. SUÁREZ CORTINA, *El reformismo en España*, Madrid, 1986, págs. 22 y ss. Menciona la posible intervención de Giner de los Ríos en la gestación del Partido Reformista P. DE AZCÁRATE, *op. cit.*, pág. 107. Sobre estos personajes, son de interés los trabajos de A. PAU PEDRÓN, *Azaña, jurista*, en *Clarín, Ganivet, Azaña. Pensamiento y vigencia del Derecho*, Madrid, 1994, págs. 61 y ss., y J. GARCÍA SÁNCHEZ, *Melquíades Álvarez: Catedrático de Derecho romano de la Universidad de Oviedo (modernidad de sus planteamientos romanísticos)*, Oviedo, 1987.

Así las cosas, tras la muerte de Salmerón, parece que Azcárate perdió el nexo que le mantenía unido a los republicanos, a lo que se añadió la creación por Alejandro Lerroux del Partido Radical, el mismo año 1908, puesto que abandonó la Unión Republicana. Al mismo tiempo, es probable que Giner de los Ríos le sugiriera la constitución de un nuevo partido político, que se formó en 1912, encabezado por Melquíades Álvarez, con la denominación indicada y cuya filosofía era «accidentalista», mostrándose dispuesto por tanto a participar en el Gobierno, en caso que la Monarquía propiciara una política liberal, democrática y reformista. Y al año siguiente se produjo la sonada visita de Azcárate al Rey, a continuación de la cual aquél declaró que, aunque seguía siendo republicano, los obstáculos tradicionales habían desaparecido, a su juicio, parafraseando en sentido contrario un conocido dicho atribuido a su admirado Olózaga. Lo que desconcertó a sus contemporáneos, pues se interpretó como un abandono del republicanismo de izquierda, resultando corroborado, después de la muerte de Azcárate, por la derivación ulterior del Partido Reformista que, aparte de participar en un Gobierno liberal en 1922, volvió a la Unión Republicana y terminó integrado en la CEDA.

No obstante, es significativo que, aun cuando Ortega lo dejó pronto para formar la Liga para la Educación Política Española en 1914, Azaña, en cambio, permaneció en el mismo hasta 1925, en que fundó Acción Republicana, lo que habla bien del tardokrausista Melquíades Álvarez. Asimismo, si es cierto, en opinión de M. Suárez Cortina, que el Partido Reformista guarda un estrecho paralelismo con el programa democrático del Sexenio, no lo es menos que, como hace notar A. M. Calero Amor, es un claro precursor de la actual monarquía constitucional o democrática [35].

Es oportuno, pues, que intentemos dilucidar la ideología de nuestro autor, y para ello no hay nada mejor que sus abundantes, aunque algo reiterativas, obras sobre temas económicos, políticos y sociales. Como se sabe, sus principales aportaciones al respecto son los *Estudios económicos y sociales*, lo mismo que los *Estudios filosóficos y políticos*, publicados en 1876 y 1877, en los que recoge trabajos anteriores, como el estudio sobre el crédito territorial que transcribimos más adelante, mientras que formula duras críticas de teoría política al régimen de la Restauración en *El self-government y la monarquía doctrinaria* y en *La Constitución inglesa y la política del Continente*, de 1877 y 1878; todos estos libros aparecieron, como puede verse, en el período en que Azcárate estuvo separado de su Cátedra. Una vez reintegrado a la misma, publicó el libro titulado *Tratados de Política. Resúmenes y juicios críticos*, en 1883, texto didáctico que contiene reseñas y comenta-

---

[35] *Vid.* M. SUÁREZ CORTINA, *op. cit.*, págs. 189 y ss., y A. M. CALERO AMOR, *Los precursores de la Monarquía Democrática*, en *La España de la Restauración. Política, economía, legislación y cultura*, ed. cuidada por J. L. García Delgado, Madrid, 1985, págs. 21 y ss., en concreto 44 y ss.

rios de publicaciones contemporáneas, en tanto en 1885 apareció *El régimen parlamentario en la práctica*, acaso su obra científica más ambiciosa y perdurable, que se ha reeeditado oportunamente al compás de la elaboración de las Constituciones de 1931 y 1978. Por eso, es esta última obra la que merece mayor atención, dado que se proyecta, además, sobre toda la producción científica de nuestro autor.

A nuestro modo de ver, el punto de partida de Azcárate en la importante obra citada está en su profunda convicción democrática, pues concibe el régimen parlamentario como la última evolución del sistema representativo y la consecuencia lógica del principio del *self-government* o soberanía nacional, única solución posible, justa y conveniente del problema político de su época, y también de la nuestra; para ello se propone estudiar los vicios y corruptelas que lo pervierten y transforman en la *praxis*, dado que, en cuanto parte del Derecho político, es una condición *sine qua non* para resolver los problemas del Derecho privado, uno de los cuales, y seguramente el más importante, es el problema social [36].

En este mismo sentido, más adelante nos dice, que la soberanía nacional consiste, tal y como hoy la entendemos, en el derecho del país para gobernarse a sí mismo, el cual sólo está subordinado a la ley o a la Constitución y a los *derechos de la perso-*

---

[36] *Vid.* G. DE AZCÁRATE, *El régimen parlamentario en la práctica*, con prólogos de A. Posada y E. Tierno Galván, Madrid, 1978, págs. 10 y 18.

nalidad, es decir, a los que llamamos derechos fundamentales en la actualidad [37].

Esta especie de autarquía democrática se opone, a su juicio, a la Monarquía tradicional, que se caracteriza por ser de derecho divino, a la vez que legítima o hereditaria y patrimonial, pero es compatible, como lo muestra el ejemplo de Inglaterra, con la moderna Monarquía constitucional, representativa y parlamentaria, en la que la sociedad no se limita a intervenir sino que manda; y se opone también a la democracia directa, al doctrinarismo o gobierno mixto del Rey y la Cortes colegisladoras que imperaba en la Restauración y a la dictadura cesarista, por mutilar el concepto de representación y confundirlo con la delegación, así como a las deformaciones del régimen parlamentario, debidas al mal funcionamiento de los partidos políticos, al falseamiento de las elecciones, a la hegemonía del poder ejecutivo y la Administración, y a la falta de moralidad pública principalmente [38].

Sentada esta premisa, nuestro autor realiza un amplio y severo examen de éstos y otros factores de deformación, del que nos limitamos a resaltar los aspectos más relevantes. Así, en cuanto a los partidos políticos, estima que son una necesidad del régimen parlamentario puesto que sirven de órganos de la opinión pública y la voluntad social de los pueblos, convierten en reglas prácticas las que estiman en teoría justas y de conveniencia

---

[37] *Vid.* la *op. cit.*, págs. 104-105.
[38] *Vid.* la *op. cit.*, págs. 18-22.

general, y cuya mera existencia implica el reconocimiento de que la soberanía radica en la sociedad; de aquí que considere que los partidos religiosos, locales o de clase contradicen su verdadero fin, y que es inadmisible la exclusión de los partidos declarados ilegales [39]. Defectos graves de los partidos son, en su opinión, el protagonismo del jefe de turno, la mutabilidad de los programas, el gobierno sectario por un partido y la imposición de su doctrina desde el poder, y la apropiación de la Administración, así como la falta de una prensa desinteresada, culta, imparcial e independiente [40].

Por lo que respecta a las elecciones, Azcárate explica que su finalidad es la designación de los representantes del país, «esto es, los que han de ser en el Parlamento órganos oficiales y autorizados de los diversos sentidos que en el orden jurídico y político se entrecruzan a través del organismo social», lo que presupone, por un lado, el reconocimiento de las libertades de imprenta, asociación y reunión y, por otro, la sinceridad de las elecciones por parte de los individuos, las clases sociales, los partidos políticos y los gobiernos [41].

Mientras el primer presupuesto puede ser aceptable, nuestro autor denuncia la falta de sinceridad

---

[39] *Vid.* la *op. cit.*, págs. 28-31; la crítica de la prohibición legal de los partidos políticos es un tema recurrente en la obra de nuestro autor, que se debe probablemente a la ilegalización del Partido Republicano en 1879.

[40] *Vid.* la *op. cit.*, págs. 30 y ss. y, sobre la prensa política, 39 y ss.

[41] *Vid.* la *op. cit.*, pág. 52.

que falsea las elecciones debida a que el elector utiliza el voto como si fuera objeto de su propiedad y a que el elegido, en lugar de representar el interés general de la Nación, es una especie de mandatario del pueblo o provincia que lo elige y se ocupa principalmente de los intereses locales en la Cámara y en los Ministerios; errores de los que se aprovechan lo mismo los individuos que los partidos y los Gobiernos, y que rigen por igual tanto en el sufragio restringido y basado en el Censo como en el sufragio universal [42].

Al lado de estos errores, las corruptelas parlamentarias reducen las funciones de las Cámaras, ya que se concentran de hecho en la función política, o sea en el voto de confianza o de censura del Gobierno, en desmedro de las funciones legislativas, económicas y de inspección al ejecutivo, con lo que los Diputados pasan a depender del Gobierno y se desligan de la opinión pública que les respalda [43].

A esto se une la omnipotencia del poder ejecutivo, que confiere a la Administración un protagonismo desmedido y cuyos defectos más graves son, a juicio de nuestro autor, la centralización, la burocracia, la empleomanía, el expedienteo y el caciquismo: «ese feudalismo de nuevo género —escribe gráficamente—, cien veces más repugnante que el guerrero de la Edad Media, y por virtud del cual se esconde, bajo el ropaje del gobierno representativo, una oligarquía mezquina, hipócrita y bastarda, por-

---

[42] *Vid.* la *op. cit.*, págs. 53-58.
[43] *Vid.* la *op.cit.*, págs. 63 y ss.; fenómeno que nuestro autor llama «dictadura parlamentaria», en la pág. 73.

que los *caciques* hacen las elecciones a medias con los Gobiernos, y si éstos necesitan de aquéllos y aquéllos de éstos, de unos y otros necesita el diputado para *cultivar su distrito*»[44].

Finalmente, el régimen parlamentario se corrompe por la impotencia del poder judicial, el predominio del interés dinástico y las tentaciones dictatoriales de los gobiernos unipersonales fuertes, ejercidos por el jefe de un partido, por el Rey a través de su facultad de disolver las Cortes, o por un militar de alta graduación y de prestigio, como, por ejemplo, el mariscal francés Mac-Mahon en 1877[45].

Especial importancia tiene el capítulo que Azcárate dedica a «el partido obrero y el régimen parlamentario», dado que enlaza con el problema social y nos muestra la parte más constructiva y reformista de su ideología. En efecto, entiende que el régimen parlamentario es una condición previa para la solución de la cuestión de fondo, que es la organización de la sociedad en general y el estado de las clases obreras en particular, de manera que el problema social tenga una solución de paz y de justicia; tal régimen, a su juicio, no sólo es el único justo y conveniente para el gobierno del Estado, sino también es el más adecuado para resolver estos problemas, pues permite la contribución de todos los elementos, fuerzas o energías que componen el organismo social.

---

[44] *Vid.* la *op. cit.*, págs. 77 y ss.; la frase transcrita procede de la pág. 83.

[45] *Vid.* la *op. cit.*, págs. 89 y ss., 103 y ss. y 118 y ss., respectivamente.

Advierte, sin embargo, que la clase obrera lo rechaza por creer que es cosa inventada por la burguesía para su provecho, y se inclina por la democracia directa y por la constitución de un partido obrero, al margen y en frente de los demás partidos, con lo cual se incurre, en su opinión, en un triple error histórico, de teoría política y de perspectiva social, por el que se realzan los vicios y corruptelas del régimen parlamentario en la práctica. Por eso, aunque todos los partidos deben ocuparse del tema, los partidos democráticos deben hacerlo de forma especialmente acentuada, puesto que están llamados a ser órganos de las necesidades de los trabajadores; dichos partidos, sin aceptar soluciones cerradas ni abstenerse, deben mantenerse «en un término medio, que consiste en reconocer la existencia del problema, en estudiar su alcance, sus causas y sus remedios, y en proponer las reformas parciales que estén abonadas por la ciencia y hayan encarnado y madurado en la conciencia pública». De aquí que, aun cuando se forme un partido exclusivamente obrero, éste debe participar en la vida política y parlamentaria, no estar en guerra con el resto de los existentes, y proponer por los medios legales las reformas que estime justas y convenientes [46].

El mismo tema lo trató Azcárate en un extenso y denso trabajo sobre el problema social, que reprodujo luego como *Apéndice* en su magna obra sobre el derecho de propiedad, en el que se ocupa de los

---

[46] Se trata del Capítulo XV, págs. 183 y ss.; la frase entrecomillada es de la pág. 187.

distintos aspectos que comprende el referido problema, las soluciones o reformas que deben adoptar los individuos, la sociedad y el Estado, y finalmente la crítica de las diferentes orientaciones o escuelas existentes sobre el mismo [47].

En cuanto al primero de estos aspectos, estima que el problema social, sin ser nuevo en la historia, se agudiza en el siglo pasado como consecuencia de la revolución liberal, que ha alcanzado la libertad individual, pero no la igualdad real; y frente al cual reaccionan el que llama «socialismo gubernamental», esto es, la intervención del Estado en la economía, el «socialismo de cátedra» y el «socialismo obrero», agrupado en torno a la Asociación Internacional del Trabajo. Con todo, se trata de un problema complejo, que comprende estos aspectos, a saber: científico, religioso, moral, artístico o educativo, jurídico y económico [48].

Este último, en su opinión, descansa en la propiedad, cuya titularidad corresponde tanto a las personas físicas como a las personas sociales, lo mismo las necesarias —como la provincia, el municipio, la nación y la humanidad— que las libres —como las asociaciones, en especial la sociedad anónima,

---

[47] Nos referimos a G. DE AZCÁRATE, *Resumen de un debate sobre el problema social* (Ateneo de Madrid, 1877-1878), ahora en *Ensayo sobre la historia del derecho de propiedad y su estado actual en Europa*, III, Madrid, 1883, págs. 355 y ss., en especial 358, de donde citamos a continuación. En la segunda edición del mencionado *Resumen*, Madrid, 1881, no se altera el texto, pero se amplía con varios *Apéndices*.

[48] *Vid.* la *op. cit.*, págs. 359-362.

las corporaciones y las fundaciones—, así como en el mercado, es decir, el intercambio de bienes y servicios y la libre concurrencia, que se basan, en último término, en la ley de oferta y demanda y que el Estado, a su juicio, no puede ni debe interferir [49]. Lo que se proyecta, en concreto, sobre la relación entre el capital y el trabajo, y se traduce en el salario, antes que en la participación en los beneficios o en la cooperación, y sobre la relación entre la tierra y la renta, con predominio del arrendamiento sobre la aparcería y las asociaciones y cooperativas [50].

A propósito del estudio de las posibles soluciones, Azcárate expone su concepción «orgánica» de la sociedad, de gran trascendencia en toda su obra. Sostiene que el individuo, verdadero agente de la historia, es un ser orgánico, con fines y medios propios, pero integrado en la sociedad, junto con otros organismos creados por el mismo, con existencia real y personalidad propia; y la sociedad no es sólo la suma de individuos, sino un organismo total que, en cuanto está jurídicamente organizado, se identifica con el Estado [51]. En otras palabras, si no hemos entendido mal a nuestro autor, la sociedad orgánica se corresponde con la sociedad civil, sólo que concebida, como ha señalado E. Díaz con acierto, en términos del organicismo romántico tradicional o preilustrado, pero no corporativo, ni protofascista [52].

---

[49] *Vid.* la *op. cit.*, págs. 365-366, 368-369 y 370-371.
[50] *Vid.* la *op. cit.*, págs. 374 y ss. y 379 y ss.
[51] *Vid.* la *op. cit.*, págs. 386-387.
[52] En este sentido, *vid.* E. DÍAZ, *La filosofía social del krausismo español*, cit., págs. 237 y ss., con referencias, por todos.

Por lo que respecta a las reformas que nuestro autor propone, se refieren al individuo, a la sociedad y al Derecho, lo mismo privado que público, cuyo detalle cae fuera de nuestro propósito [53]. En particular, se declara partidario de la «tutela» del Estado en orden a la asistencia del expósito, del huérfano, del pobre y del anciano, favoreciendo la cooperación, pero siempre con un carácter temporal y transitorio; una vez que el individuo y la sociedad avancen para realizar sus fines por sí mismos, nos dice, el Estado debe retirarse [54].

De lo anterior, Azcárate extrae dos conclusiones, una sustantiva y otra metodológica. La primera consiste en una solución armónica, aunque no ecléctica, del problema planteado y en su virtud entiende «que, para resolver el problema social, deben inspirarse: el individuo, en la solución cristiana; la sociedad, en la solución socialista, y el Estado, en la solución individualista»; y por ello se opone a las otras escuelas de su época, a las que clasifica y descalifica de forma un tanto arbitraria.

Así, mientras la solución conservadora le parece egoísta, la religiosa, representada por el socialismo cristiano o católico, es insuficiente puesto que se basa en la caridad; asimismo, el individualismo de los economistas, que descansa en el fatalismo de las leyes del mercado y en el *laissez faire*, sólo satisface el interés personal. En el campo del socialismo, descarta el conservador pues atiende al

---

[53] *Vid.* la *op. cit.*, págs. 388 y ss.
[54] *Vid.* la *op. cit.*, págs. 422-423.

interés de las clases acomodadas y se identifica con la intervención pública llevada a cabo por el Estado liberal. El socialismo de cátedra, expuesto por el krausista Vicente Romero Girón, no se debe compartir, a su juicio, tanto porque ensancha la actuación directa del Estado en la economía, como porque algunas medidas concretas que propicia expresan buenos deseos, otras son admitidas por todos y otras son retrógradas, tales como las que desembocan en el restablecimiento de los gremios o en la fijación de una tasa universal. Desconfía, en fin, del socialismo radical ya que da lugar a la dictadura del partido obrero, que sustituye los principios por el interés e impide la realización práctica del *self-government*, al tiempo que propaga la violencia por su integración en la Internacional que, siendo lícita, debería deponer la utopía e inclinarse por la propaganda pacífica. De aquí la conclusión armónica propuesta, que se encamina hacia la libre organización de la igualdad y la democracia de todos [55].

La otra conclusión se refiere al procedimiento para resolver el problema social que, en su opinión, exige que la sociedad misma discuta el tema de forma plural y libre [56]. He aquí el fundamento teórico de la decisiva intervención de Azcárate, como ha resaltado M. D. De la Calle, en la gestación y creación de la Comisión de Reformas Sociales por Real Decreto de 10 de diciembre de 1883, cuya célebre

---

[55] *Vid.* la *op. cit.*, págs. 428 y ss., en especial 427, literalmente.
[56] *Vid.* la *op. cit.*, pág. 453.

Exposición de Motivos la mencionada autora le atribuye; paternidad intelectual que es verosímil, dadas las palpables coincidencias que presenta con el planteamiento, la temática y hasta el estilo literario de nuestro autor [57].

En cualquier caso, es segura su autoría del no menos célebre *Cuestionario* destinado a recoger la información sobre el estado real de la clase obrera por las Comisiones provinciales y locales constituidas en 1884. El texto comprende 223 preguntas agrupadas en 32 capítulos, que se refieren a las condiciones sociales y económicas de los trabajadores, incluyendo, además, el cultivo de la tierra, el crédito agrícola, los bienes comunales, los montes públicos, la beneficencia y la sucesión hereditaria. Destaquemos que, bajo el capítulo del crédito territorial, se pregunta por el «término medio del interés con que se presta en cada provincia con la garantía de bienes inmuebles», «si los préstamos hipotecarios que figuran como hechos sin interés en la Estadística oficial, son realmente gratuitos o está aquél embebido en el capital» y «si han alcanzado los labriegos propietarios los beneficios de la nueva legislación hipotecaria» [58].

---

[57] Es la tesis que mantiene, en efecto, M. D. DE LA CALLE, *La Comisión de Reformas Sociales. 1883-1903. Política social y conflicto de intereses en la España de la Restauración*, Madrid, 1989, págs. 41 y ss., en especial 59-61; reproduce la citada Exposición en págs. 319 y ss.

[58] Se trata del *Cuestionario* publicado por la Circular de 3, 4 y 5 de junio de 1884, reproducido por M. D. DE LA CALLE, *op. cit.*, págs. 330 y ss.; las preguntas referidas, son las n.ᵒˢ 154,

Es cierto, pues, que nuestro autor da aquí un significativo paso hacia la sociología descriptiva y empírica de corte positivista, sólo que se trata de un paso de hecho, que no se refleja en su concepción teórica de la ciencia sociológica; como pone de relieve F. J. Laporta, la idea de Azcárate de la sociología está muy ligada todavía a los presupuestos krausistas, y acaso por ello la concibe como un instrumento para la reforma social [59].

En efecto, desde 1890 la Comisión, además del estudio, información y estadística, era competente para preparar proyectos de ley de su propia iniciativa y a propuesta del Gobierno, tarea que continuó, a partir de 1903, el Instituto de Reformas Sociales, desarrollando una importante labor. En ella correspondió un destacado papel a nuestro autor; a juicio de J. A. Palacio Morena, que ha estudiado monográficamente el tema, «la figura clave que garantiza la continuidad entre la Comisión y el Instituto de Reformas Sociales es Gumersindo de Azcárate. El que fue Secretario de la Comisión desde sus orígenes, se convierte en Presidente por antonomasia del Instituto. Tras la muerte de Azcárate —añade este autor—, en diciembre de 1917, le sucederán, en primer lugar, el Vizconde de Eza y

---

155 y 156. Las respuestas al *Cuestionario* que se contienen en *Reformas Sociales. Información oral y escrita, practicada en virtud de la Real Orden de 5 de diciembre de 1883*, 5 tomos, Madrid, 1889-1893, rempr. facs. 1986, se estudian en la *op. cit.*, págs. 59 y ss. Se publicó aparte la célebre repuesta de J. VERA, *Informe de la Agrupación Socialista Madrileña ante la Comisión de Reformas Sociales*, Madrid, 1884.

[59] En este sentido, F. J. LAPORTA, *op. cit.*, págs. 266-267.

posteriormente el Conde de Lizárraga. Sin embargo, la huella de Azcárate permanece viva en la labor cotidiana del Instituto hasta su disolución»[60].

En esta línea reformista se inscribe, por último, la constante preocupación de Azcárate por la usura, que le llevó, previa consulta con Antonio Maura, a la presentación de una Proposición de Ley en 1904 que, reiterada en 1907, se convirtió en la vigente Ley de 23 de julio de 1908. En la citada Proposición, explica que no se trata de suprimir ni tasar la libre fijación del interés, sino de impedir excesos «y salir al encuentro de los abusos escandalosos de los prestamistas», con base tanto en el ejemplo de la legislación extranjera como en los principios de consentimiento válido y causalidad en que se inspira el Código civil[61].

Como es sabido, el régimen de la Ley es tan relevante en teoría como de escasa trascendencia práctica, puesto que descansa el tipo variable del interés normal del dinero, pese a ser de una técnica jurídica impecable y elegante. En efecto, por un lado, prohíbe no sólo el interés usurario sino tam-

---

[60] *Vid.* J. I. PALACIO MORENA, *La institucionalización de la reforma social en España (1883-1924). La Comisión y el Instituto de Reformas Sociales*, Madrid, 1988, pág. 496, literalmente.

[61] Para esto, *vid.* I. SABATE BAYLE, *Préstamo con interés, usura y cláusulas de estabilización*, Pamplona, 1986, páginas 136 y ss.; la frase entrecomillada pertenece al preámbulo de la mencionada Proposición, que se transcribe en la página 150. Sobre la consulta a Maura, *vid.* la carta que le dirige nuestro autor de 16 de noviembre de 1904, en P. DE AZCÁRATE, *op. cit.*, pág. 318, n.º 180.

bién los pactos leoninos; por otro, abarca los contratos de préstamo de dinero y toda otra operación sustancialmente equivalente; además, impone la nulidad parcial de la cláusula prohibida y la reducción judicial del interés, manteniendo la eficacia del contrato; en fin, prevé la publicidad de la sentencia condenatoria, a partir de la tercera, en el Registro Central que la Ley crea en el Ministerio de Gracia y Justicia y adscribe a la Dirección General de los Registros [62]. Es claro, en suma, que estamos aquí ante el embrión de la actual protección de los consumidores frente a las cláusulas abusivas insertas en los contratos de adhesión y, en su caso, en las condiciones generales de la contratación.

En definitiva, a la vista de estos textos y estas actuaciones de Azcárate, no resulta fácil pronunciarse sobre su ideología, sobre todo por el evidente desfase que hay entre el pensamiento y la acción, entre la teoría de sus escritos sobre política y medotología, y la *praxis* de su actuación reformista y sus trabajos sociológicos; lo que no ha dejado de

---

[62] Cfr. los arts. 1, 9, 3 y 7 de la citada Ley. En el trámite parlamentario de la Ley 2/1994, de 30 de marzo, sobre modificación y subrogación de préstamos hipotecarios, el Grupo Popular propuso una reforma de la Ley Azcárate, según la cual el préstamo debía entenderse leonino si el prestatario lo había aceptado, entre otras causas, por la «desigualdad de su posición en el mercado» y que los intereses debían considerarse usurarios si superaban el doble del interés legal del dinero, pero esta oportuna Enmienda lamentablemente no prosperó; *vid.* el *Boletín Oficial de las Cortes Generales. Congreso*, A, 51.3, pág. 21 y *Senado*, II, 18 (b), pág. 17.

desorientar a la doctrina posterior que se ha ocupado del mismo.

Así, mientras J. L. Abellán lo adscribe al krausopositivismo [63], J. J. Gil Cremades parece desarrollar esta idea y distingue una fase de juventud krausista —ahrensiana, en rigor— y otra de madurez positivista, separadas por el año 1877 en que aparece la inflexión positivista por influjo de la Institución Libre de Enseñanza, al tiempo que subraya el organicismo que nuestro biografiado comparte, a su juicio, con el krausismo y las demás orientaciones metodológicas de su época [64]. Sin embargo, tiene razón en parte E. Díaz cuando pone de relieve que se trata, en teoría, de un organicismo ético y espiritual, que no se confunde ni debe confundirse con el organicismo biológico y materialista del positivismo [65]; pero esto último, lo mismo que su tesis sobre el liberalismo poco democráti-

---

[63] En este sentido, en efecto, J. L. ABELLÁN, *op. cit.*, V-I, página 121, afirma que «es incuestionable que el krausista Azcárate tenía que sentirse más cómodo dentro de este "positivismo crítico", cercano ya a un krauso-positivismo dentro del cual el neo-kantismo aparece como una veta singular».

[64] *Vid.* para esto J. J. GIL CREMADES, *op. cit.*, págs. 93-95 y 256-259, concretamente.

[65] *Vid.* E. DÍAZ, *La filosofía social del krausismo español*, cit., págs. 231 y ss. Por lo demás, parece que un organicismo semejante, que se remonta a Puchta, era también propio de la jurisprudencia de conceptos, como lo pone de relieve W. WILHELM, *La metodología jurídica en el siglo XIX*, trad. por A. Álvarez de Morales, Madrid, 1980, págs. 78-79; asimismo, a propósito de los «cuerpos jurídicos» de Ihering, H. COING, *Derecho Privado Europeo*, II, trad. por A. Pérez Martín, Madrid, 1996, págs. 73-75.

co [66], por otra parte, no se compagina bien con la *praxis* de nuestro autor, ni con el texto sobre el régimen parlamentario, que hemos visto.

Por el contrario, parece que Azcárate, igual que Giner de los Ríos, guarda un estrecho paralelismo con el organicismo de Otto von Gierke [67], semejante al «darwinismo» social del Ihering maduro [68], lo que resulta corroborado por la relación del grupo krausista de Oviedo con el mencionado autor alemán [69]. En suma, ocurre que, como afirma J. M. Pérez-Prendes, el positivismo dogmático y el positivismo sociológico son una consecuencia lógica del krausismo; «es su salida natural —dice literalmente—, más que su alternativa», lo que explicaría el interés de nuestro autor lo mismo por la realidad sociológica que por la «legislación comparada como vía para la modernización de la Ciencia jurídico-política» [70], y también, por otras vías, la del Derecho privado, según veremos a continuación.

---

[66] *Vid.* E. Díaz, *La filosofía social del krausismo español*, cit., págs. 212-213 y 256-259.

[67] Para esto, *vid.* F. González Vicen, *La teoría del Derecho y el problema del método jurídico en Otto von Gierke*, ahora en *Estudios de Filosofía del Derecho*, La Laguna, 1979, páginas 259 y ss.

[68] Según sostiene F. Wieacker, *Ihering y el «darwinnismo»*, en *Anales de la Cátedra Francisco Suárez*, 18-19, 1978-1979, págs. 341 y ss., cuya opinión hemos seguido en nuestra *op. cit.*, págs. 464 y 531.

[69] Sobre tal relación, *vid.* R. Gibert, *Ihering en España*, en *Iherings Erbe*, a cargo de F. Wieacker y M. Wollschläger, Gotinga, 1970, págs. 40 y ss.

[70] *Vid.* J. M. Pérez-Prendes, *op. cit.*, págs. 343, 344 y 363, respectivamente.

IV

Metodología jurídica y obras de Derecho civil

En efecto, menos conocidas que las obras anteriores son las que Azcárate dedicó a la metodología jurídica y al Derecho civil, en las trabaja en su fase de madurez, entre los treinta y los cincuenta años de edad aproximadamente; se trata de un conjunto de trabajos dados a conocer entre 1871 y la crítica del Proyecto de Código civil, que formula en el debate parlamentario del mismo. La importancia de estas obras radica, no tanto en su contenido, sino, y sobre todo, en el plano metodológico.

Recordemos que predominaba entonces el método exgético de orientación francesa, que se advierte claramente en obras tan dispares como las *Concordancias* de Florencio García Goyena y los *Códigos* de Benito Gutiérrez, así como en la práctica profesional y en la tarea codificadora, en las que destacaba Manuel Alonso Martínez, siendo el influjo de la escuela histórica minoritario y localizado, y el del pandectismo y demás las orientaciones renovadoras, como las inspiradas en Ihering, el socialismo de cátedra o el complejo movimiento del socialismo jurídico, algo más tardío [71].

---

[71] Para esto, nos permitimos remitir, una vez más, a nuestra *op. cit.*, págs. 461 y ss.; como es obvio, nos referimos a

Por el contrario, encontramos en las obras que iremos viendo muy sucintamente un interesante programa de renovación metodológica que, inspirado en el krausismo, se caracteriza por estos tres rasgos, a saber: una visión sistemática de la ciencia jurídica, una marcada preferencia por el método dogmático y la llamada jurisprudencia de conceptos y, en fin, un cierto positivismo histórico y legislativo.

Las obras a las que nos estamos refiriendo son de índole diversa y se pueden clasificar en tres grupos. En primer término, tenemos dos trabajos académicos, uno que versa sobre las relaciones entre la ciencia económica y la ciencia jurídica y otro que consiste en una introducción al Derecho comparado, y que son en realidad sendas memorias de cátedra y por ello de gran interés para conocer las orientaciones metodológicas de nuestro autor. En segundo lugar, existen otras dos obras

---

F. García Goyena, *Concordancias, motivos y comentarios del Código civil*, 3 tomos, Madrid, 1852, reimpr. en un tomo por J. L. Lacruz Berdejo, Zaragoza, 1974, y a B. Gutiérrez Fernández, *Códigos o estudios fundamentales sobre el Derecho civil español*, 7 tomos, Madrid, 1862-1876, reimpr. facs. por Lex Nova, Valladolid, 1988, respectivamente. Resalta que el Código civil «contempla y ordena la cuestión central de la circulación de los bienes, en los mismos términos en que lo había venido haciendo durante todo el siglo XIX un bloque jurídico consolidado práctico-legal-jurisdiccional de singular coherencia», J. M. Pérez-Prendes, *op. cit.*, pág. 378, literalmente; sobre la actividad profesional de Alonso Martínez, en particular, *vid.* C. Rogel, *El abogado*, en *Manuel Alonso Martínez*, cit., páginas 95 y ss. En fin, es de interés el trabajo reciente de J. C. Monereo Pérez, *Reformismo social y socialismo jurídico*, en A. Menger, *El Derecho civil y los pobres*, trad. por A. Posada, reimpr. facs., Granada, 1998, págs. 7 y ss.

que pueden considerarse como estudios de aplicación de tales orientaciones al Derecho positivo, esto es, la antes mencionada *Minuta de un testamento* y el último tomo del *Ensayo* sobre el derecho de propiedad. Por fin, hay otros trabajos de predominante sentido crítico, como son las *Notas* a la obra de Enrique Ahrens y las intervenciones en el Congreso Jurídico de 1886 y en el Congreso de los Diputados en 1889 sobre el Código civil. Veamos brevemente lo esencial de las mismas.

En cuanto el primero de estos grupos, señalemos que para estudiar las relaciones entre la economía y el Derecho, Azcárate parte de la definición del objeto de la Economía política primero y del Derecho después. Tal definición es importante, a su juicio, por estas tres razones: porque determina el principio y fundamento de su respectivo contenido; porque permite sistematizar el conocimiento científico y fijar sus partes y relaciones internas y, por último, porque marca las características de cada ciencia, sus límites y sus relaciones externas con otras ciencias [72].

---

[72] *Vid.* G. DE AZCÁRATE, *Estudio sobre el objeto y el carácter de la ciencia económica y sus relaciones con la del Derecho*, en *Revista General de Legislación y Jurisprudencia*, 38, 1871, páginas 305 y ss., en especial 305-306. Como sabemos, esta obra no es la tesis doctoral de nuestro autor, sino que parece ser la memoria para la Cátedra de Economía Política y Estadística, en la que estaba contratado como Auxiliar en la Universidad de Madrid y a la que se presentó a una oposición convocada por la Universidad de Valladolid, en la que no obtuvo la plaza; así se deduce de una carta de F. Giner de los Ríos de 3 de agosto de 1869, transcrita por P. DE AZCÁRATE, *op. cit.*, pág. 218, n.º 97, quien la data erróneamente en 1899 y nos informa en la página 50, que ganó la mencionada plaza «un tal señor Oradea».

En lo que concierne a la economía, su objeto es para nuestro autor la satisfacción de las necesidades del hombre por medio de bienes materiales obtenidos por la conjunción del trabajo y la naturaleza, que conforma un organismo integrado en el todo social, cuya esencia es el cambio de los mismos, en una palabra, el mercado [73].

En cuanto al método de esta disciplina, constata la existencia de una orientación favorable a la ciencia física, otra a la observación y la experiencia, y el general rechazo al método sintético o de los principios *a priori*; en su opinión, hay dos maneras de ver las cosas, en sí mismas —y de ahí el método analítico basado en la intuición y la inducción— y en su principio, razón o fundamento —que da lugar al método sintético basado en el razonamiento y la deducción—, pero sólo las dos juntas alcanzan la fase superior de la construcción, esto es, el resultado comparativo de los dos procedimientos, que es por ello el método apropiado para la Economía política [74].

En especial, ante el enfrentamiento de la escuela histórica y la filosófica sobre la historia económica, opina que debe prevalecer una postura filosófico-histórica que comprenda los métodos analítico, sintético y constructivo, ya que se trata de una ciencia intermedia, de armonía y aplicación, «que juzga los hechos que la historia muestra con el criterio que la filosofía enseña» [75].

---

[73] *Vid.* la *op. cit.*, págs. 307-316.
[74] *Vid.* la *op. cit.*, págs. 324-326.
[75] *Vid.* la *op. cit.*, págs. 327-328.

Por último, el objeto del Derecho está constituido por los medios y las condiciones exteriores y recíprocas que el hombre requiere para realizar su destino, y por eso el Derecho no sólo debe respetar la libertad sino que es condición necesaria para hacerla respetar; en el orden económico se traduce en el derecho de propiedad, en el que convergen la ciencia económica y la ciencia jurídica, como lo demuestran, por ejemplo, los bancos hipotecarios [76].

Parece seguro, pues, que Azcárate nos propone aquí una construcción sistemática y globalizadora de la sociedad y del Derecho, que tiene poco o nada en común con la visión parcial de la orientación exegética entonces imperante; se trata de la construcción organicista, propia del acusado krausismo de nuestro autor en esta etapa, que se fundamenta en el *Derecho natural* de Heinrich Ahrens, tempranamente traducido entre nosotros, y que cita con reiteración, junto a economistas, tales como Bastiat, Dameth, Minghetti y Sbarbaro, entre otros [77]. Observemos de paso que Azcárate no profundizó en el estudio del socialismo, ni siquiera menciona a Karl Marx, limitándose a una superficial referencia de segunda mano a los autores del socialismo utópico y del movimiento cooperativo [78].

---

[76] *Vid.* la *op. cit.*, págs. 422-426.

[77] Nos referimos a H. AHRENS, *Curso de Derecho Natural o Filosofía del Derecho completado con las principales materias y ojeadas históricas y políticas*, trad. por R. Navarro Zamorano. Madrid, 1841; nuestro autor cita la 6.ª ed., Viena, 1870-1871. Para las referencias de Azcárate a la bibliografía económica que utiliza, *vid*, la *op. cit.*, págs. 312-313.

[78] *Vid.* la *op. cit.*, pág. 414, única que nuestro autor dedica al tema; mayor extensión, pero no profundidad, se advierte

Con todo, resaltemos que hace una aportación perdurable para nuestra disciplina, que se aprecia ya en esta primera obra jurídica; dicha aportación es relevante en una doble dirección, pues, por un lado, ofrece una clara perspectiva sistemática de la ciencia Derecho y, por otro, un cierto sincretismo, que no eclecticismo, metodológico.

Estas mismas características se advierten en la memoria presentada para la Cátedra de Legislación Comparada, que Azcárate publicó con el programa de la asignatura en 1874, estableciendo un estilo o un modelo que ha permanecido hasta hoy; modelo que comprende el objeto de cada ciencia y sus relaciones con otras disciplinas, el plan y el contenido, el método de investigación, las fuentes de conocimiento y el método de enseñanza, junto con un extenso y pormenorizado programa, como se observa todavía, afortunadamente, en los más lúcidos Proyectos de docencia e investigación para las Cátedras universitarias de corte clásico. Por su valor ejemplar, reproducimos parte de esta obra en el *Apéndice*.

Por lo que respecta a la Legislación Comparada, en concreto, Azcárate señala con agudeza que tal denominación encierra dos términos de naturaleza diferente, uno jurídico y otro lógico. Mientras el primero consiste en la ley positiva y temporal, es decir, en el Derecho efectivo e histórico, el segundo, en cambio, alude a una operación del entendimiento, que puede ser simple o compleja; en el primer caso se trata del enfrentamiento directo de dos

---

en *Resumen de un debate sobre el problema social*, 2.ª ed. cit., Apéndice primero, págs. 201 y ss.

legislaciones y en el segundo, de referir las mismas a un tercer término común a ambas, que envuelve al caso anterior, pues para estimar la bondad o la justicia de la legislaciones sometidas a comparación se requiere siempre, a su juicio, un elemento *a priori* [79] —resaltemos que tal elemento es, en suma, una categoría conceptual—.

Ahora bien, en el cuadro total de la ciencia o enciclopedia jurídica, hay que distinguir el Derecho eterno, que es objeto de la Filosofía del Derecho, y el Derecho temporal, objeto de la Historia del Derecho, cuya conjunción crea la nueva Ciencia filosófico-histórica del Derecho, que se compone de dos partes diferenciadas, una referida a la reforma del Derecho positivo, que es materia de la Ciencia de la Legislación, y otra referida a la crítica o juicio del mismo, que es el objeto de la Legislación Comparada, sin que una y otra se confundan entre sí, ni ambas con la Filosofía de la Historia del Derecho, pues descansan en el hecho del Derecho positivo [80].

Concebida la Legislación Comparada como ciencia a la vez histórica y filosófica, nuestro autor da prioridad al elemento filosófico —o conceptual— porque es el que determina el criterio para enjuiciar el dato histórico, que es lo que la distingue de la pura Historia del Derecho, supuesto el carácter científico de esta última por producir un conoci-

---

[79] *Vid*. G. DE AZCÁRATE, *Ensayo de una introducción al estudio de la Legislación comparada y Programa de esta asignatura*, en *Revista General de Legislación y Jurisprudencia*, 44, 1874, págs. 81 y ss., en especial 83.

[80] *Vid*. la *op. cit.*, págs. 85-86.

miento sistemático, verdadero y cierto. El método de esta disciplina es el propio del conocimiento aplicado, que se obtiene tanto de la Filosofía como de la Historia del Derecho, y consiste, por ello, en la «unión de la observación y la especulación, en correspondencia con la unión, en la realidad, de lo eterno con lo temporal, de lo permanente con lo variable, de lo que pasa con lo que es»[81].

Sin embargo, dada la falta de conocimientos previos de los estudiantes, nuestro autor cree que debe subrayar la Historia del Derecho, que debe exponerse conforme al método narrativo, interpretarse con arreglo al método exgético y explicarse según el método dogmático, por ser así la verdad histórica en la que no hay un Derecho formulado *a priori*, tarea que Azcárate confiesa no poder realizar por lo que se inclina, en definitiva, por el método que considera menos defectuoso, es decir, el dogmático, que tiene el inconveniente, a su juicio, de aislar las instituciones jurídicas respecto del contexto legislativo y la verdad histórica[82].

Sentadas estas bases, el programa de la Legislación Comparada se divide en tres edades, la tradicional, la histórica y la actual. La primera se refiere a la época prehistórica y la segunda se subdivide en la época antigua, que abarca las legislaciones oriental, griega, romana, canónica y germánica; la época moderna que se subdivide en la etapa de la lucha de las civilizaciones entre los siglos VI y XVI y la legisla-

---

[81] *Vid.* la *op. cit.*, págs. 87-89 y 90, de la que procede el texto transcito en el texto.

[82] *Vid.* la *op. cit.*, págs. 91 y 94-95.

ción feudal; la etapa de la Monarquía, que se extiende desde el Renacimiento hasta la Revolución francesa, y la etapa de los tiempos actuales, desde la Revolución hasta hoy. La última edad, en fin, se ocupa de los anuncios o señales de la evolución ulterior [83].

En particular, el Derecho privado comprende tres capítulos, el Derecho general de la personalidad, el Derecho especial de la personalidad y el Derecho de obligaciones. El primero se refiere a los derechos de la personalidad, a la propiedad y a la herencia; el segundo comprende el individuo, la familia y las personas sociales, que incluyen el municipio, la provincia y la nación, y el tercero abarca las obligaciones y sus distintas especies y los contratos, su fundamento y clasificación [84].

Apuntemos que al examinar el estado actual de las legislaciones nuestro autor prevé pasar revista a los principales problemas jurídicos del momento; en el campo del Derecho civil, por ejemplo, se trata de la esclavitud, las clases privilegiadas, la extranjería y el Registro civil, la expropiación forzosa y los siste-

---

[83] *Vid.* la *op. cit.*, pág. 102; para el contenido del plan y el programa, págs. 103 y ss. y 321 y ss.

[84] *Vid.* la *op. cit.*, págs. 256-257; sorprende que nuestro autor siguiera al día las principales novedades del momento, como, por ejemplo, cuando cita la disposición alemana por la que se constituye la Comisión encargada de redactar el proyecto de *BGB*, que es de 28 de febrero del mismo año 1874, en la pág. 245. Sin embargo, C. PETIT, *El Código inexistente (I)*, en *Anuario de Derecho Civil*, 1995, págs. 1429 y ss., en especial, 1464, le reprocha que, igual que Augusto Comas, no hubiera leído el Código del minúsculo Principado de Montenegro, contemporáneo del nuestro.

mas hipotecarios, la sustitución fideicomisaria y la herencia intestada, el reconocimiento de las personas jurídicas, el sistema matrimonial, el divorcio y el régimen de bienes, la investigación de la paternidad natural, la prisión por deudas, la compraventa, la tradición y la rescisión por lesión, la naturaleza del arrendamiento, la prenda y el pacto comisorio, el préstamo y la tasa de interés, o el reparto de las ganancias en las sociedades con fin de lucro [85].

En pocas palabras, son los problemas que Azcárate espera que el Código civil resuelva con justicia y rigor. Por último, formula un juicio crítico según el cual, mientras predominan en el Derecho privado los elementos tradicionales, en el Derecho público, en cambio, prevalecen los elementos nuevos, debiendo armonizarse ambas esferas del Derecho [86], lo que exige, por tanto, una renovación radical del Derecho privado en general, y del Derecho civil en particular.

Ante este interesante y original planteamiento, tan sólo hay que poner de relieve dos observaciones. Por una parte, es claro que Azcárate mantiene aquí la misma visión sistemática de la ciencia jurídica que en el trabajo anterior, sólo que ahora los elementos orgánicos aparecen mitigados, iniciando un giro del nítido krausismo de aquella obra hacia el positivismo en lo que atañe tanto a la historia como a la legislación. Sin embargo, parece que estamos ante un positivismo relativo, no empírico, puesto que confiere preferencia al valor del princi-

---

[85] *Vid.* la *op. cit.*, en *Revista General de Legislación y Jurisprudencia*, 45, 1874, págs. 55-57.

[86] *Vid.* la *op. cit.*, pág. 59.

pio o del concepto sobre el dato de la realidad, en términos semejantes a la postura mantenida en Italia por su contemporáneo Franceso Filomusi Guelfi en la *Enciclopedia giuridica* que publicó en 1875 [87].

Por otra parte, el método jurídico de nuestro autor es también sistemático a la vez que dogmático, puesto que el material normativo aparece ordenado por conceptos e instituciones, en las distintas edades, épocas y etapas de la historia del Derecho y las legislaciones que cada una de ellas comprende. Además, hay aquí un marcado historicismo que, en autorizada opinión de L. García de Valdeavellano, es una característica que sobresale en las principales obras de nuestro autor [88].

Buena prueba de ello es el *Ensayo sobre la historia del derecho de propiedad*, en cuya extensa parte histórica no parece oportuno que entremos aquí [89]; por el contrario, el tomo III de esta obra presenta el doble interés de estar referido el Derecho vigente en

---

[87] Nos referimos a F. FILOMUSI GUELFI, *Enclopedia giuridica ad uso di lezioni*, Nápoles, 1875; sobre este autor, *vid*. N. IRTI, *Introduzione allo studio del diritto privato*, Turín, 1974, págs. 167 y ss. y 178 y ss.

[88] *Vid*. L. GARCÍA DE VALDEAVELLANO, *Don Gumersindo de Azcárate*, cit., pág. 76, quien opina de Azcárate que «su pensamiento estaba, por así decirlo, saturado de historicismo»; y en la pág. 78, nos dice era un historiador del Derecho que, si bien no investigaba las fuentes ni pretendía aportar noticias nuevas, prefirió construir, en palabras de R. de Ureña, «hermosos y variados modelos de síntesis históricas», como se advierte en la obra que acabamos de examinar.

[89] *Vid*. G. DE AZCÁRATE, *Ensayo sobre la historia de derecho de propiedad y su estado actual en Europa*, tomos I y II, Madrid, 1879 y 1880.

la Europa del siglo pasado y de representar un ejemplo elocuente de la metodología de nuestro autor, con lo que pasamos a ocuparnos del segundo grupo de obras que hemos apuntado antes.

En efecto, explica Azcárate que, de conformidad con el programa que conocemos, el fin de su estudio no es un análisis minucioso de esta parte de la legislación, sino más bien la exposición sumaria de los principios que la rigen y la informan para poder apreciar y juzgar el Derecho positivo vigente. En tal exposición, en lugar de analizar sucesivamente las diversas legislaciones, acude al estudio a la par de todas ellas con motivo de cada elemento de la institución que examina, dada la uniformidad que existe en Europa sobre el derecho de propiedad; por eso, pretende exponer en cada punto la doctrina común y las peculiaridades de determinadas legislaciones [90].

A esto se une un plan de exposición que no es el comúnmente aceptado, sino que se ciñe a otro más ajustado a la legislación en la actualidad, para lo que Azcárate parte de la distinción, que conocemos, entre la propiedad en su dimensión económica y el derecho de propiedad, concebido como el conjunto de condiciones que son necesarias para su realización, condiciones que se refieren al sujeto, al objeto y a la relación jurídica de uno y otro [91].

---

[90] *Vid.* la *op. cit.*, tomo III, Madrid, 1883, págs. 5-6.

[91] *Vid.* la *op. cit.*, pág. 6, en consonancia con el esquema que imperaba en el pandectismo alemán de la época y que A. COMAS quiso imponer en nuestro Código civil; *vid.* su célebre *Enmienda*, en *Diario de las Sesiones de Cortes. Senado*, 75, de 2 de marzo de 1875, Apéndice, págs. 1 y ss.

Es esta relación la que sirve de hilo conductor al trabajo que estamos comentando, pues se estudian en él sus diferentes fases, a saber: el nacimiento, que comprende la ocupación, la accesión y la usucapión; el desarrollo, que se despliega en la facultad de transformación, la de goce y disfrute y la de acceso o tránsito; el mantenimiento, que incluye el *ius possidendi* y las facultades de exclusión y de reivindicación; la transmisión, tanto por actos *inter vivos* como *mortis causa*, y por último la extinción, lo mismo por razón del sujeto, del objeto y de la relación [92].

A continuación se estudian las diversas formas o clases de propiedad, en atención a la relación jurídica, o sea, la propiedad limitada por los derechos reales, el *ius possessionis*, entre ellos, y la propiedad dividida en dominio útil y directo; en atención al sujeto, esto es, la copropiedad, la propiedad familiar, la propiedad comunal y la propiedad del Estado y de la Iglesia; en fin, en atención al objeto, es decir, la propiedad de las minas, de las aguas y la propiedad intelectual e industrial. Finalmente, se estudia el Registro de la Propiedad y el Derecho internacional privado, y se formulan unas consideraciones generales para la reforma del derecho de propiedad [93].

En concreto, notemos que algunos capítulos de esta obra mantienen su valor en la actualidad, y por eso los hemos incluido en la selección de textos hipotecarios de Azcárate al final de estas páginas;

---

[92] *Vid.* la *op. cit.*, pág. 7.
[93] *Vid.* la *op. cit.*, págs. 7-8.

se trata de transmisión de bienes *inter vivos*, la hipoteca y el Registro de la Propiedad.

En lo que aquí interesa, es indudable que nuestro autor ha dado un paso más en la dirección positivista, puesto que nos presenta un sistema que se articula exclusivamente en base a los conceptos de los diferentes elementos o aspectos de la institución que estudia; y además tal sistema, aunque está referido a la legislación europea de la época, es independiente del orden de la materia y de los conceptos normativos propuestos por el legislador, no sólo español sino también de los demás países de Europa. Estamos ante una excelente muestra del método que Azcárate va a lucir, seis años después, en su análisis crítico del Proyecto de Código civil. Con todo, advirtamos que la clave de esta obra está en la noción de relación jurídica de la propiedad y en las consideraciones finales *de lege ferenda*.

En cuanto a la primera, recuerda Azcárate que la propiedad en su acepción específica equivale al dominio, que es un sinónimo por tanto del derecho de propiedad, esto es «la relación jurídica misma y el conjunto de relaciones particulares o derechos que la integran»; tras revisar las definiciones de los Códigos modernos, constata que concuerdan con las fuentes romanas y las Partidas, pero ha desaparecido el elemento moderador que aparece en éstas. De ahí surgen las características actuales de la propiedad, que hoy se configura como individual, libre, absoluta y exclusiva, características que, pese a la energía con que se proclaman, sufren numerosas limitaciones previstas por los Códigos y las leyes especiales. En fin, comprende los derechos de gozar, disponer y reivindicar; este último es el único del que el dueño no puede desprenderse, dado que el derecho de disponer puede estar más o menos estorbado, como sucede con los bienes hipotecados, vinculados o dotales [94].

En definitiva, es fácil advertir que esta manera de concebir la relación jurídica y el derecho subjetivo de dominio está en consonancia con la fórmula propuesta por F. C. von Savigny, cuyo *Sistema* se había traducido al castellano por romanistas vinculados a la frustrada Escuela de Derecho de la Institución Libre de Enseñanza [95].

Por lo que respecta a las reformas, en especial las legales, son de muy diversa índole y se refieren principalmente a la propiedad territorial y a la agricultura; en particular, es de interés supresión de las legítimas que Azcárate sugiere por ser una negación evidente de la libre disposición de los bienes. Niega que se justifiquen en el deber moral y

---

[94] *Vid.* la *op. cit.*, págs. 25-32; la frase entrecomillada pertenece a la pág. 26. A la hora de distinguir los derechos reales y personales, nuestro autor, en la *op. cit.*, I, pág. 119, se declara partidario de la teoría obligacionista, dado que sólo pueden existir relaciones jurídicas entre sujetos, de manera que tales derechos se diferencian, a su juicio, por la mayor o menor determinación del sujeto pasivo, lo que critica de forma expresa J. GONZÁLEZ Y MARTÍNEZ, *Estudios de Derecho Hipotecario y Derecho Civil*, III, Madrid, 1948, pág. 175.

[95] Nos referimos a los «Profesores de Derecho Romano en la Institución Libre de Enseñanza», Jacinto Mesía y Manuel Poley, que tradujeron a F. C. v. SAVIGNY, *Sistema del Derecho romano actual*, Madrid, s. f.; *vid.* sobre la relación jurídica en especial, I, págs. 257 y ss. y II, págs. 141 y ss.

jurídico de los padres de prestar alimentos a sus hijos, y ello porque la ley las impone por virtud del parentesco, pero sin consideración a las circunstancias personales de los favorecidos, que son determinantes, en cambio, del derecho de alimentos; a su juicio, se mantienen por la desconfianza que suscita la total libertad de testar, sin olvidar que son, además, contradictorias porque, aunque restringen la libertad de testar para después de la muerte, no impiden la libre disposición de los bienes en vida del causante. En opinión de nuestro autor, en cambio, la libertad de testar, ejercida racionalmente, puede contribuir a resolver los problemas sociales por la propia sociedad, con independencia de la intervención estatal [96].

El mismo Azcárate nos ofrece un buen ejemplo de lo que estima como un uso racional de la libertad de testar en la *Minuta de un testamento*, obra interesante desde puntos de vista diferentes. Así, ante todo, llama la atención la pormenorizada expresión de la causa o el motivo de sus disposiciones, lo que se debe a que no quiere parecer arbitrario ante sus supuestos herederos y a que trata de persuadirlos de que no impugnen el testamento, incluso con renuncia de sus derechos [97].

Por otra parte, en el capítulo de los legados, deja a su pretendida viuda los muebles, alhajas, enseres y ropas a fin de que quede intacto el hogar, en tér-

---

[96] *Vid.* la *op. cit.*, págs. 259 y ss.; sobre las legítimas, en particular, págs. 328-333.

[97] *Vid.* G. DE AZCÁRATE, *Minuta de un testamento*, cit., páginas 197-200.

minos que recuerdan los del actual artículo 1321 del Código civil; asimismo, tras constituir varias fundaciones y designar a los miembros de las respectivas juntas rectoras, les autoriza expresamente para que modifiquen sus disposiciones y las acomoden a las circunstancias, conforme al móvil que le ha impulsado en cada caso, pues entiende que sólo así pueden estas instituciones llegar a ser permanentes [98].

Por último, hace el supuesto testador una distribución desigual de sus bienes entre sus hijos, e instituye heredero al mayor en las fincas urbanas y rústicas heredadas de su abuelo, además de la casa, a quien aconseja que conceda a los colonos antiguos un censo redimible y préstamos sin interés; mientras que al hijo segundo le instituye solamente en una mina de plomo y su fábrica anexa, con la recomendación de que pague a los trabajadores de larga duración mediante el sistema de participación en los beneficios, y a la hija menor en títulos de la Deuda pública, con el ruego de no especular en Bolsa, todo ello de conformidad con la profesión y las circunstancias personales de cada hijo [99].

Finalmente, los tres trabajos que forman el último grupo de obras de nuestro autor son de índole muy diversa, aunque resalta un carácter crítico en todos ellos. Comencemos por las *Notas a la Enciclopedia Jurídica de Ahrens*, esa especie de «Castán» del siglo pasado que, en palabras de J. M. Pérez-Prendes, «fue, en efecto, el eje principal para la for-

---

[98] *Vid.* la *op. cit.*, págs. 200-201 y 211-212, texto y nota 198.
[99] *Vid.* la *op. cit.*, págs. 213 y ss.

mación de los juristas modernos en España, desde que se tradujo, entre 1878 y 1880, hasta 1939», obra en la que Azcárate anotó los textos históricos y jurídicos [100].

Aparte de su envidiable erudicción y a pesar de la naturaleza fragmentaria de su trabajo, nuestro autor mantiene aquí el estilo metodológico que conocemos. Por un lado, destaca su constante preocupación por el orden sistemático, como se puede apreciar, por ejemplo, cuando corrige al autor anotado a propósito de los períodos de la historia del Derecho, las teorías sobre el fundamento de la posesión, la estructura de la relación jurídica de propiedad y la clasificación de los contratos y de los modos de extinción de las obligaciones [101].

Por otro lado, revelan interés lógico o dogmático, entre otros puntos, el interés de nuestro autor por el significado de la expresión «cuasi» que aparece unida a la tradición, a la posesión, al usufructo, al contrato y al delito, o su tesis según la cual la

---

[100] En el indicado sentido, en efecto, J. M. PÉREZ-PRENDES, *op. cit.*, pág. 348, literalmente. Nos referimos a la obra de H. AHRENS, *Encilopedia jurídica o exposición orgánica de la ciencia del Derecho y del Estado*, trad. por F. Giner de los Ríos, G. de Azcárate y Augusto González Linares, con notas de los dos primeros, 3 tomos, Madrid, 1878 y 1880; *vid.* la útil recopilación de tales notas en F. GINER DE LOS RÍOS y G. DE AZCÁRATE, *Notas a la Enciclopedia Jurídica de Ahrens*, con una nota sobre los arrendamientos rústicos y pecuarios de Joaquín Costa y prólogo de P. de Azcárate, Madrid, 1965, de donde citamos a continuación.

[101] *Vid.* la *op. cit.*, págs. 189-192, 322-323, 334 y 335, respectivamente.

publicidad registral ha modificado y superado la teoría del título y el modo en la trasmisión *inter vivos* de bienes inmuebles [102].

Por último, la propensión a la reforma y la modernización del Derecho civil en materia económica y social se concreta, entre otros extremos, al estudiar la usura y la tasa del interés [103].

Es esta última tendencia la que pasa a un primer plano en una de las intervenciones de Azcárate en el importante Congreso Jurídico Español de 1886. Recordemos que en las Cortes se debatía el segundo Proyecto de Ley de Bases, el presentado por Francisco Silvela en 1885 que devino luego la vigente Ley de Bases de 11 de mayo de 1888. En estas circunstancias la Real Academia de Jurisprudencia y Legislación convocó el mencionado Congreso al que asistió nuestro autor como delegado de la Facultad de Derecho de la Universidad de Madrid. Además de presentar un Dictamen junto con Manuel Silvela y Francisco Lastres sobre el futuro Derecho interregional, basado en la teoría de los estatutos y en la personalidad de la vecindad civil [104],

---

[102] *Vid.* la *op. cit.*, págs. 312-316 y 332-333.

[103] *Vid.* la *op. cit.*, págs. 338-341.

[104] *Vid.* la amplia reseña de R. SÁNCHEZ OCAÑA, *Congreso Jurídico Español de 1886*, en *Revista General de Legislación y Jurisprudencia*, 69, 1886, págs. 435 y ss.; para el mencionado Dictamen y la defensa de Azcárate, págs. 565-566 y 572-573. El texto íntegro del Congreso fue publicado por la Real Academia de Jurisprudencia y Legislación, *Congreso Jurídico Español*, Madrid, 1886 y se ha estudiado recientemente por A. HERNÁNDEZ-GIL Y ÁLVAREZ-CIENFUEGOS, *El Congreso Jurídico Español de 1886 de la Real Academia de Jurisprudencia*,

defendió el presentado por Cristino Martos, Rafael de Labra y Tomás Montejo y Rica sobre las «modificaciones que reclama en el Derecho civil las nuevas condiciones de la vida económica».

En este interesante Dictamen se sostiene la necesidad de implantar en el orden civil el sentido orgánico, ordenado de forma sistemática y armónica. Para ello se propone ensanchar los moldes clásicos del Derecho civil a fin de abarcar la persona colectiva, la propiedad intelectual y colectiva y las asociaciones necesarias y voluntarias, integrando, además, las leyes sobre minas, aguas y ferrocarriles, y se postula que se regule con justicia el trabajo de los niños, la asistencia de los obreros y el contrato de trabajo, aparte de estimular el desenvolvimiento económico mediante la rebaja de la mayoría de edad, la libre gestión de los peculios y los arrendamientos de larga duración. Lo llamativo no es sólo la actualidad de estas propuestas sino que el Dictamen apele a la autoridad, entre otros, de los economistas alemanes Gustav Schmoller, Lujo Brentano y Adolf Wagner, esto es, los llamados socialistas de cátedra, del civilista italiano Enrico Cimbali y del propio Azcárate [105].

Este último, en su defensa del referido Dictamen, afirma que el Derecho civil debe comprender todas las materias civiles, lo mismo las antes no previstas, como la propiedad intelectual, que las requeridas por las nuevas condiciones sociales —hoy incluidas

---

en *Anales de la Real Academia de Jurisprudencia y Legislación*, 19, 1988, págs. 287 y ss.

[105] *Vid.* la *op. cit.*, págs. 633-634.

en el *potpouri* de las leyes administrativas— y por las nuevas realidades económicas. A su juicio, la economía de la época se basaba en la gran escala de las empresas y los mercados, incluso internacionales, por lo que se debían regular las personalidades colectivas y la propiedad corporativa —en dos palabras, la sociedad anónima—, así como los seguros y las instituciones de crédito, «que vienen como a distribuir los males aminorándolos», todo lo que debe formar parte del Derecho civil [106].

No debe sorprendernos, pues, que R. Carande haya sostenido la proximidad de Azcárate al socialismo de cátedra, que resultaría reforzada por la analogía de la *Verein für Sozialwissenschaft und Socialpolitik*, constituida como sociedad privada en 1872, con el Instituto de Reformas Sociales [107], mejor con la Comisión creada en 1883. Opinión que E. Díaz no comparte porque, a su juicio, el grupo de profesores alemanes era decididamente estatalista, en tanto los

---

[106] *Vid.* la *op. cit.*, págs. 642-644, la frase transcrita procede de la última; sometida a votación esta propuesta, y dividida en cuatro conclusiones, obtuvo entre 128 y 150 votos a favor y entre 178 y 146 votos en contra, si bien la conclusión antitética fue aprobada mayoritariamente por 234 votos a favor, 110 en contra y 61 abstenciones. Las conclusiones del Congreso, aparecen en la *op. cit.*, en *Revista General de Legislación y Jurisprudencia*, 70, 1887, págs. 37 y ss., suscritas por G. A. (¿Gumersindo de Azcárate?) en especial 56-57, y las votaciones en págs. 627-628.

[107] *Vid.* R. CARANDE, *op. cit.*, pág. 10; para esta orientación, G. ORRÙ, *«Idealismo» e «Realismo» nel socialismo giuridico de Menger*, en *Quaderni fiorentini per la storia del pensiero giuridico* (monográfico sobre el socialismo jurídico) 3-4, 1974-1975, págs. 182 y ss., en especial 246-248.

krausistas españoles eran liberales poco partidarios de la intervención estatal, pues tal era la objeción fundamental de Azcárate contra todo socialismo [108].

Sea de ello lo que fuere, lo cierto es que este paralelismo resulta corroborado por la coincidencia de nuestro autor con el programa reformista del socialismo jurídico propuesto en aquéllos años por Enrico Cimbali, el autor de la celebrada *Nuova fase del diritto civile*, de 1884, obra que fue traducida por F. Sánchez Román casi diez años después [109].

Sin embargo, hay que destacar aquí otro aspecto que es, a nuestro modo de ver, sumamente significativo, y es que la modernización propiciada por Azcárate consistía en la expansión del campo del Derecho civil en una doble dirección, una para abarcar el Derecho del trabajo y otra para comprender el Derecho de la empresa y los contratos mercantiles. Y tal es, si se mira bien, el punto de par-tida de las ulteriores tendencias favorables a la unificación del Derecho privado en un Código único, a la manera, por ejemplo, del Libro V, *Del lavoro*, del Código civil italiano de 1942.

---

[108] En tal sentido, en efecto, E. Díaz, *La filosofía social del krausismo español*, cit., págs. 250-251; parece compartir esta opinión, en cambio, J. L. Monereo Pérez, *op. cit.*, pág. 72, nota 205.

[109] Se trata de la obra de E. Cimbali, *La nuova fase del diritto civile nei rapporti economici e sociali con proposte di riforma della legislazione civile*, Turín, 1884, trad. por F. Sánchez Román, con un prólogo del mismo, Madrid, 1893; para el citado autor italiano, *vid.* el examen crítico de A. di Majo, *Enrico Cimbali e le idee del socialismo giuridico*, en *Quaderni fiorentini per la storia del pensiero giuridico*, cit., págs. 383 y ss., y sobre su influencia en nuestra literatura de la época, C. Petit, *op. cit. (II)*, págs. 1428-1430.

Por último, las dos orientaciones que prevelecen en el pensamiento de Azcárate, la dogmática y la reformista, convergen en su estudio crítico del Código civil, que tuvo lugar en el Congreso de los Diputados con ocasión de haberle correspondido uno de los turnos en contra del Dictamen de la Comisión, que era favorable a la aprobación del Proyecto de 6 de octubre de 1888 y fue defendido, a su vez, con gran eficacia por Germán Gamazo. Es inútil que tratemos de resumir aquí la densidad del debate y sus múltiples matices y detalles; sobre todo porque nuestro autor examina el Proyecto desde un triple punto de vista, práctico, técnico y de su significado como obra jurídica en el estado actual de la sociedad española, esto es, exgético, dogmático y de política legislativa, con notable penetración y relativa extensión [110].

En apretada síntesis, en cuanto al primero de estos puntos de vista, Azcárate puso de relieve más de veinte casos de contradicciones, incongruencias y las que llama «cosas raras» [111]. El estudio dogmático se desdobla en consideraciones sobre el sistema o estructura del Código y sobre las distintas instituciones; por lo que se refiere al primero, estima que es defectuoso, no sólo por los errores de

---

[110] Las intervenciones de Azcárate figuran en el *Diario de las de Sesiones de Cortes. Congreso*, 88, 89 y 90, de 6, 8 y 9 de abril de 1889, págs. 2361 y ss., 2390 y ss. y 2400 y ss.; y el turno de réplica, 92 y 93, de 11 y 12 del mismo mes y año, págs. 2459 y ss. y 2479 y ss. *Vid.* la reciente reimpr. facs. del Senado, *El Código civil. Debates parlamentarios 1885-1889*, con Estudio preliminar de J. L. De los Mozos, Madrid, 1989, II, págs. 1666 y ss.

[111] *Vid.* la *op. cit.*, págs. 2362-2365.

colocación de las materias en los diferentes Libros, sino porque se aparta de los modelos habituales y, mientras no dedica Libros especiales al Derecho de familia y al Derecho de sucesiones, trata en dos Libros, en cambio, el derecho de propiedad [112].

En lo que atañe a las instituciones, destacó la indefinición del Proyecto sobre el nacimiento o la viabilidad, la escasa regulación de las personas jurídicas, la subordinación de la mujer casada, la confusión del *ius possidendi* con el *ius possessionis*, el régimen de la tradición que es un «verdero galimatías», la identidad de tradición e inscripción, la opacidad sobre el sistema de adquisición de la herencia, la inutilidad de la causa del contrato, así como la ilicitud y la presunción de la misma [113], entre muchas otras cosas, cuyo detalle es conocido y no es oportuno que lo recordemos aquí.

En fin, en lo que concierne a la política legislativa, sostuvo que el Código nacía con medio siglo de retraso porque no consolida la revolución liberal, no rectifica el individualismo con correcciones corporativas, no mejora la condición del proletariado, ni habilita los mecanismos asociativos y contractuales que los nuevas condiciones socio-económicas exigen, por las razones que conocemos [114].

Además, en su opinión el Código es parcial porque permite la cristalización de los Derechos fora-

---

[112] *Vid.* la *op. cit.*, págs. 2366 y 2461.
[113] *Vid.* la *op. cit.*, págs. 2366-2395.
[114] *Vid.* la *op. cit.*, págs. 2400 y ss.; en la pág. 2406, nuestro autor afirmó que el Código era anticuado, entre muchas otras razones, por no establecer la «hipoteca independiente».

les y no incorpora lo esencial de las leyes especiales, a las que incluso se remite, tal y como ocurre, por ejemplo, con la responsabilidad extracontractual y el Código penal. Con todo, convencido de la conveniencia del Código, propuso la promulgación de una segunda edición revisada y corregida por el Gobierno, no por la Sección de lo Civil de la Comisión General de Codificación, como dispuso, finalmente, la Ley de 26 de mayo de 1889 [115].

Constatemos, una vez más, el fino análisis sistemático y dogmático llevado a cabo por nuestro autor. Aunque incurre en exageraciones y errores, como identificar la tradición y la inscripción en la transmisión de inmuebles [116], pocos puntos dudosos o discutibles hay que escapen a su mirada, al tiempo que identifica los principales problemas del Código en vigor, al que no acusa, a diferencia de otros, de haber copiado al Código civil francés. Como es sabido, buena parte de estas críticas fueron acogidas por F. Sanchez Román y han perdurado hasta mediados del presente siglo, en que comienza la revalorización de la obra codificadora, sobre todo por F. de Castro, autores que no fueron ajenos del todo a la tradición krausista [117].

---

[115] *Vid.* la *op. cit.*, págs. 2366 y 2406-2407, respectivamente, donde alude además a la costumbre *praeter legem*; la mencionada Proposición de Ley aparece en la *op. cit.*, 92, Apéndice 7.

[116] *Vid* sobre este punto las atinadas observaciones de M. Cuena Casas, *Función del poder de disposición en los sistemas de transmisión onerosa de los derechos reales*, Barcelona, 1996, págs. 247-250, recientemente.

[117] *Vid.* F. Sánchez Román, *Estudios de Derecho civil*, I, 2.ª ed. Madrid, 1899, págs. 570 y ss., en especial 581 y 589,

Por lo que se refiere a la política legislativa, en particular, es de notar la concordancia de Azcárate con las críticas planteadas en Alemania y Austria por el germanista Otto v. Gierke y el socialista jurídico Anton Menger al primer proyecto de *BGB*. que, por la fecha de publicación de sus trabajos, es poco probable que nuestro autor haya podido conocer en abril de 1889; mientras el primero consiguió introducir la famosa *Tropfen sozialen Öls* en el Código alemán, siempre se ha entendido que el segundo influyó en el Código suizo, aunque se ha puesto en duda últimamente [118].

En cambio, debemos apuntar que el propio Azcárate alude a la existencia de un cierto recelo e in-

---

y F. DE CASTRO Y BRAVO, *Derecho Civil de España*, 2.ª ed. reimpr. en un vol. Madrid, 1984, págs. 208 y ss.; relaciona ambos autores, asimismo, J. M. PÉREZ-PRENDES, *op. cit.*, páginas 380 y 381.

[118] *Vid.* O. v. GIERKE, *Der Entwurf eines Bürgerlichen Gesetzbuches und das Deutsche Recht*, Berlín, 1888-1889, y su célebre conferencia de Viena *Die soziale Aufgaben des Privatschts*, Berlín, 1889; asimismo, A. MENGER, *Das Bürgerliche Recht und besitzlosen Volksklass.en*, Viena, 1889, trad. por A. González Posada, con breve prólogo de Leopoldo Alas, Madrid, 1898, sobre el último autor, A. PAU PEDRÓN, *La idea del Derecho de Leopoldo Alas, «Clarín»*, en *Clarín, Ganivet, Azaña*, cit., págs. 13 y ss. Sobre los autores alemanes citados, en particular, son de interés los trabajos de G. DILCHER, *Genossenschaftstheorie und sozialrecht: ein «Juristensozialismus» Otto v. Gierke*, y N. REICH, *Der Juristensozialismus von Anton Menger (1841-1906) im Neunzehnten Jahrhundert und Heute*, en *Quaderni fiorentini per la storia del pensiero giuridico*, cit., págs. 319 y ss. y 158 y ss.; niega la influencia del autor austríaco en el Código suizo, P. CARONI, *Anton Menger ed il Codice civile svizzero*, en la *op. cit.*, págs. 273 y ss.

diferencia de nuestros parlamentarios frente a los numerosos profesores universitarios que particiaron en el debate del Código civil tanto en el Senado como en el Congreso, en términos tales que, aun cuando lamenta que no se haya oído previamente a la Facultad de Derecho, llega a dudar —dijo— «si el profesor de Derecho puede hablar en este sitio» [119], nada menos que en las Cortes.

En definitiva, nuestra conclusión es que Azcárate, además de ser un gran político y un buen civilista, era eso, un profesor universitario que ejercía como tal incluso fuera de la Universidad. De aquí que no nos resistamos a la tentación de terminar esta pequeña biografía con una cita larga, pero significativa, de sus propias palabras, que dice así:

«(...) durante mucho tiempo confieso que no me guiaba en mi conducta como profesor el móvil puro y desinteresado del deber. Era para mí la Universidad lo que para el poeta el teatro: los triunfos me halagaban y las caídas me mortificaban, porque mi amor propio se sentía satisfecho o contrariado; oía con gozo, apenas disimulado, los elogios, y me disgustaba saber de las censuras; acomodaba a veces la forma de mis explicaciones,

---

[119] *Vid.* el *Diario de las Sesiones de Cortes*, cit., páginas 2361 y 2459. Con razón sostiene J. L. DE LOS MOZOS, *La «cultura jurídica» del Código civil, una aproximación a su estudio*, en *Centenario del Código Civil* (Asociación de Profesores de Derecho Civil), I, Madrid, 1990, págs. 663 y ss., en concreto 683 y 686, que la influencia del krausismo, entre otras orientaciones renovadoras, se quedó extramuros del Código civil y que el reformismo no pasó de ser algo marginal en la España de la Restauración.

nunca el fondo, al gusto de los alumnos; en fin, aspiraba a la fama y soñaba con la gloria.

Más tarde fue retirándose este interés personal, aunque generoso, y cediendo su puesto al supremo interés de la ciencia y al móvil, único digno, del deber. Entonces parecióme la Universidad un templo y el profesor un sacerdote: comprendí que la vocación que en cada hombre se despierta no la pone Dios en él para bien del individuo, sino para indicarle la parte que le toca en la obra de la vida universal; encontré que el interés de la verdad estaba tan alto, que me pareció vanidad censurable convertirla en medio para fines personales, cuando ella pedía y merecía que se la pusiera por encima de todo; estimé que sólo después de servirla, era lícito complacerse en haber sido su humilde órgano; y desde entonces seguí mi camino inspirándome tan sólo en estas consideraciones y sin separarme de él por un mal entendido respeto al mundo, aunque nunca he dejado de tomar en cuenta la opinión de éste, ni de tener gusto en encontrar apoyo y aprobación en la sociedad» [120].

---

[120] *Vid.* G. DE AZCÁRATE, *Minuta de un testamento*, cit., páginas 168-169.

Gumersindo de Azcárate.

Don Gumersindo de Azcárate con sus padres, Don Patricio y Doña Justa y sus hermanos Jesusa, Manuel, Tomás y Cayo.

Don Gumersindo de Azcárate con dos sobrinos-nietos.

Don Gumersindo de Azcárate con Don José Pedregal.

Reproducción facsímil de una carta a Don Bienvenido Oliver.

V., pues ya lo supondrá
V.

Me alegraría de que mandara
V. un ejemplar a un Reverendo
de pastor anglicano, que vive
en la frontera francesa, ha escrito
ha un libro sobre España. y
dado cuenta de libros españoles
les en las Revistas de su
pais, y sobre todo, que ha escrito
un opúsculo citable sobre
la "Influencia de las fuerzas
psíquicas en la constitución
inglesa", que quizás haga lo
mismo traducido en los mismos
en boletín su la Institución
correspondientes al 15 de Dbre de
1893, 15 de Enero del año actual

Si le quiere remitirlo, las señas son estas:

Monsieur W. Webster —
Maison Bechienea —
Sare
(Basses Pyrénées)

Es amigo mío y quiere le diga que se le mande su indicación suya

Sin que nada se oponga, soy liberal tradicionalista-euskaro, y sabe con el tiempo esto,

Suyo amigo

J. [illegible]

RESÚMEN

DE UN DEBATE SOBRE

EL PROBLEMA SOCIAL

POR

GUMERSINDO DE AZCARATE

Profesor en la *Institucion libre de Enseñanza*.

MADRID
—
GRAS Y COMPAÑÍA, EDITORES
CALLE DE HORTALEZA, NÚM. 85, BAJO
1881.

Para una sociedad mejor y justa, Azcárate propone la propiedad solidaria y la concertación social.

ENSAYO

SOBRE LA HISTORIA DEL

DERECHO DE PROPIEDAD

Y SU

ESTADO ACTUAL EN EUROPA

POR

GUMERSINDO DE AZCÁRATE

Profesor de Historia general del derecho en la Universidad de Madrid
y ex-Rector de la Institucion libre de enseñanza.

TOMO III

ESTADO ACTUAL DEL DERECHO DE PROPIEDAD

EN EUROPA.

MADRID
IMPRENTA DE LA REVISTA DE LEGISLACION
á cargo de M. Ramos.
Ronda de Atocha, número 15.

MDCCCLXXXIII

Con la dogmática de la propiedad de Azcárate, la doctrina ha mantenido un diálogo que perdura hasta hoy.

EL
RÉGIMEN PARLAMENTARIO
EN LA PRÁCTICA

POR

GUMERSINDO DE AZCÁRATE

Profesor de Derecho en la *Universidad de Madrid*
y Rector de la *Institución libre de enseñanza.*

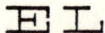

MADRID
IMPRENTA DE FORTANET
CALLE DE LA LIBERTAD, NÚM. 29

1885

En esta obra Azcárate formula una de las primeras denuncias
del caciquismo y la dictatura de los partidos.

:: LA RELIGIÓN Y LAS RELIGIONES

CONFERENCIA PRONUNCIADA POR

DON GUMERSINDO DE AZCÁRATE

EL DÍA 16 DE MAYO DE 1909

BILBAO

IMP. JOSÉ ROJAS NÚÑEZ

Hacer el bien justifica, en último término, a cualquier religión.

V

Textos hipotecarios

A. Estudio sobre el crédito territorial en España en 1868 [*, 1]

Hace tiempo que las cuestiones relativas al *crédito territorial* están a la orden del día, y en estos momentos es sabido que preocupan en primer término la atención pública. La situación angustiosa de nuestros propietarios que tienen sus fincas gravadas con una deuda hipotecaria no pequeña, la comparación de lo que pasa en nuestro país con lo que acontece en los extraños respecto de las condiciones con que se llevan a cabo los préstamos garantizados con hipoteca, y las esperanzas que se

---

[*] *Estudios económicos y sociales,* Madrid, 1876, páginas 239-269.
[1] Con el epígrafe de *Bancos hipotecarios: imposibilidad de establecerlos hoy en España,* se publicó este artículo, en abril de 1868, en la *Revista de Legislación y Jurisprudencia,* con ocasión del proyecto que hubo a la sazón de crear un Banco hipotecario. De entonces acá se ha reformado la *ley Hipotecaria* y también la legislación relativa a *crédito territorial;* así que este trabajo ha perdido en gran parte su interés, si es que tenía alguno; pero aún podrá servir de algo para el estudio histórico de este punto importante, así bajo el punto de vista jurídico, como del económico.

fundan en el levantamiento de nuestra riqueza inmueble de la postración en que se encuentra, han producido en la opinión uno de esos movimientos que parecen irresistibles, y a la par la prensa y la tribuna piden con empeño *instituciones de crédito territorial.* Dando por supuesta, por ser evidente, su necesidad, y no habiendo ocurrido a nadie poner en duda la posibilidad de llevar a cabo la idea desde luego, la discusión ha versado y versa solamente sobre el modo y forma de realizarla; los políticos y hombres de ley disertan sobre si ha de autorizarse la creación de un solo *Banco privilegiado* o ha de dejarse a la iniciativa individual el establecimiento de los que las necesidades públicas exijan; si ha de nacer a la sombra del Estado y quedar obligado a proporcionar a este ciertos beneficios, o por el contrario, si, absolutamente independiente, conviene al país que no mantenga con el poder público otras relaciones que las que mantienen las instituciones de crédito en donde no se conoce el monopolio de éste; en fin, sobre todas las cuestiones que se suscitan, considerado el asunto bajo su aspecto jurídico. Los economistas, a su vez, discuten las condiciones económicas de los *Bancos hipotecarios,* los diversos sistemas de que nos dan muestra los países extranjeros, las combinaciones varias que el interés de propietarios y capitalistas ha producido, etc., etc. Y en medio de esta animada controversia, aunque parezca ofuscación de espíritu, que tal vez lo sea, nos atrevemos a afirmar que *no urge* ocuparse en los medios de realización, porque es *imposible* hoy el planteamiento de *Bancos hipotecarios.*

I. *Noción del crédito territorial*

La base del *crédito,* cualquiera que sea su clase, es la *confianza;* un particular, una casa de comercio, un Estado tienen crédito, cuando se confía en su solvencia, y según que esto tiene lugar en más o menos grado, así se admite y circula con mayores ventajas el pagaré del uno, la letra de la otra, el título del último. En estos casos la *confianza* se funda, no sólo en lo que aquella persona individual o jurídica tiene y en lo que puede tener, sino también en sus particulares condiciones para conservar y acrecentar aquello y adquirir esto; así un particular con pocos recursos tiene a veces más crédito que otro que los tiene mayores, porque en cambio las condiciones *personales* del primero inspiran más confianza que las del segundo; es decir, que en estos casos el crédito es *personal.* Pues bien, cuando se hace un préstamo con garantía hipotecaria, sucede lo contrario; lo único que se tiene en cuenta es la *cosa,* y así como en aquel caso lo que se considera son las cualidades de la persona, en este lo que se busca es que la *cosa sea* y *valga* lo que se dice que *es* y *vale,* nada más; si esto se comprueba y se pone de manifiesto, hay confianza, hay crédito territorial; de otro modo es absolutamente imposible.

II. *Fin del Registro de la propiedad*

Ahora bien; a diferencia de las cualidades personales que no pueden someterse a un conocimiento indudable, fijo y público, las de las cosas cabe hacerlas constar de una manera clara y precisa; y este fin le cumple el *Registro de la propiedad*. Es sabido que se estableció este Registro en nuestro país por la ley de 8 de febrero de 1861, que está rigiendo desde 1.º de enero de 1863, según la cual en cada partido judicial hay un *Registro* donde deben hacerse constar todos los títulos, actos, contratos y ejecutorias que tengan por objeto la trasmisión, constitución, modificación, etc., de los derechos que constituyen la propiedad, a fin de que cada finca tenga formada allí su historia *especial y pública* y pueda el que guste enterarse de las *condiciones* de un predio sobre el cual se proponga celebrar un contrato; y como el que no lleva su título al Registro no tiene derecho a reclamar en perjuicio de un tercero que adquirió *en vista* de lo que constaba en aquel, es claro que, supuesto este principio, el que pretenda comprar una finca o prestar sobre ella, puede antes saber con toda seguridad y exactitud lo que *es* y *vale* aquella, y celebrar el contrato proyectado sin temor de ninguna especie, porque las *condiciones* que constan en el Registro no pueden desaparecer como la honradez, la perseverancia y demás cualidaes de la *persona*.

III. *Hipotecas ocultas*

Pero parece haberse olvidado que al lado de aquel principio, base y fundamento de un buen régimen hipotecario, la ley ha hecho una excepción, cuya oportunidad no es de este momento juzgar. Al mismo tiempo que ha abolido muchas de las hipotecas legales antes existentes y ha convertido las que ha respetado en especiales, respecto de las generales, que hoy gravan los bienes de los maridos en seguridad de la dote, arras y bienes parafernales de sus mujeres y los de los padres en garantía de los reservables y peculios de los hijos, ha dispuesto, no que se conviertan en especiales dentro de cierto plazo como las abolidas, sino que se respeten, declarando que subsistirán con arreglo a la legislación precedente; de donde se sigue que durante la actual generación, si ulteriormente no se dispone otra cosa por el legislador, puede haber *gravámenes* que no consten en el Registro, esto es, que no se conocerá lo que *es* y *vale* cada finca.

IV. *El artículo 34 de la ley Hipotecaria*

Pero no es esto lo más grave. El art. 34 de la ley Hipotecaria, a seguida de declarar que «solamente en virtud de título inscrito podrá invalidarse en perjuicio de tercero otro título posterior también inscrito», añade: «lo dispuesto en este artículo no producirá efecto hasta un año después que empiece a regir la presente ley». La razón de este plazo, *que se ha prorrogado después por dos años más, y últimamente por un tiempo indefinido,* es obvia; en el Registro han de constar todos los derechos relativos a cada finca para que el que contrate sobre ella sepa lo que es; lo que allí no aparece no puede perjudicarle, y menos en favor del que por incuria dejó de presentar su título en el Registro; pero la ley no podía olvidar que antes de ahora no tenía consecuencias tan graves el dejar de inscribir los títulos de propiedad, y tuvo precisamente que señalar un plazo para que todos pudieran entrar en las nuevas condiciones legales llevando sus títulos al *Registro*. Esto ha presentado algunas dificultades, y de aquí la necesidad de las prórrogas antes indicadas; siendo el resultado de todo que *hoy* puede presentarse un título *no inscrito* e invalidar otro *posterior inscrito;* es decir, que el que compra o presta no sabe con certeza lo que *es* y *vale* la finca objeto de contrato.

V. *Otros inconvenientes*

Hay más. Según hemos dicho antes, la ley ha abolido varias hipotecas legales de las anteriormente conocidas; pero obedeciendo a un principio de justicia, ha dado derecho a los interesados para que dentro de *un año* pidan en sustitución de aquella general la constitución de una especial; y como para esto es necesario que queden garantidos debidamente, que sea eficaz la hipoteca especial en que se convierte la general, y esto no puede tener lugar si no es bien conocida la condición de las fincas hipotecadas, lo cual no es posible *hoy* según queda demostrado, de aquí que al mismo tiempo que se prorrogó el plazo de que hemos hablado, se ha prorrogado en la misma forma el concedido a estos interesados.

Por la misma razón se ha prorrogado a la par el plazo señalado para hacer constar las acciones resolutorias o rescisorias, procedentes de derechos que en adelante no han de surtir efecto en cuanto a tercero sin su inscripción, y existentes al tiempo de la publicación de la ley.

En idéntico caso se encuentran las hipotecas legales existentes entonces a favor de los legatarios y de los acreedores refaccionarios, a quienes se ha prorrogado indefinidamente el plazo que la ley les concedió.

Y por último, sucede lo propio con los que a la publicación de la ley tenían adquirido algún derecho de los que se pueden anotar preventivamente, según lo dispuesto en los números 1.º, 3.º, 4.º, 5.º y 7.º del art. 42.

Véase si son pocos los riesgos que corre el que compra o presta sobre una finca; y sin embargo, aún hay otros.

VI. *Los libros de las antiguas Contadurías*

El nuevo régimen hipotecario no es nuevo y de una pieza; está cimentado, no en los principios, pero sí en la forma, en el antiguo. La ley no ha hecho tabla rasa de lo existente, sino que, al contrario, ha reconocido su valor dándoselo a los asientos de los libros de las antiguas Contadurías de hipotecas; es decir, que la historia de las fincas comienza en los libros antiguos, no en los modernos; y como no era posible exigir a los asientos de entonces los requisitos que se piden a los que en la actualidad se extienden, se ha reconocido su validez, aun cuando les falte alguna de las condiciones que hoy se consideran como absolutamente precisas, dando a dichas inscripciones antiguas el mismo valor que a las modernas. Ahora bien; esto es causa de la más grave dificultad con que ha tropezado la ley Hipotecaria; porque si todos los asientos de los libros de las suprimidas Contadurías tienen tal valor, es imposible abrir en los nuevos libros registro a una finca, mejor dicho, extender inscripción alguna definitiva, sin conocer *todo* lo que respecto de ella pueda haber en los antiguos libros; y las dificultades de alcanzarlo son bien obvias, sobre todo para aquel que haya hojeado la Memoria que precede a la *Estadística del Registro de la propiedad* últimamente publicada, donde se pone de manifiesto el lamentable desorden que reinaba en las antiguas Contadurías de hipotecas. Por esto que, no obstante el trascurso de cinco años, aún no están terminados los índices en varios Registros, y mientras esta operación no esté terminada, es imposible el *conocimiento* de lo que *es* y *vale* la propiedad, porque sin *buenos* índices no se sabe lo que puede haber en los libros antiguos relativo a una finca.

Además, las inscripciones de los antiguos libros han de ser o no valederas, según que reúnan los requisitos que se exigían por la legislación vigente el día de su fecha; de donde puede resultar que un asiento de que el Registrador ha prescindido por no dar idea del inmueble a que se refiere, se declare válido más tarde por los tribunales; así como los millares y millares de asientos defectuosos, publicados en parte por la *Gaceta de Madrid* y los *Boletines oficiales* de las provincias, harán siempre incierto el registro moderno, porque ha lugar a temer que de aquel intrincado laberinto de asientos, defectuosos muchos, oscuros los más, salga alguno que venga a invalidar un título moderno inscrito.

VII. *Situación actual*

Parécenos que, después de esta sencilla exposición de hechos, a nadie cabrá la duda de que sea posible *hoy* la creación de institución alguna de crédito territorial; falta la base, la condición imprescindible para que estos establecimientos puedan funcionar. No hay crédito donde no hay confianza; no hay confianza donde, en vez de luz y claridad, todo es tinieblas y confusión. Es necesario que la actual ley Hipotecaria surta *todos* sus efectos, los principales de los que están en suspenso, como hemos visto, y que se reformen algunas de sus disposiciones, para que nazca el crédito territorial, enterrado ayer en el desorden de las antiguas Contadurías de hipotecas, y no lejos hoy del día en que ha de poder comenzar a dar sus frutos, gracias a la nueva legislación hipotecaria que, no obstante su parcial cumplimiento, ha producido bienes de una trascendencia no bien apreciada por cierto. Falta mucho que andar, es cierto; pero importa investigar los mejores medios de remover lo más pronto posible los obstáculos que se opongan a que *toda* la *propiedad inmueble* tenga *crédito;* y entretanto escudriñar si es posible encontrar un modo de que, siquiera parcialmente, puedan los propietarios españoles disfrutar *si no hay, mañana,* de las ventajas de los *Bancos hipotecarios.* Estos son los dos puntos que nos restan por examinar.

VIII. *Asientos antiguos*

Los obstáculos indicados que se oponen al establecimiento de Bancos hipotecarios pueden clasificarse en tres grupos: valor de las inscripciones antiguas; registro de los títulos existentes al planteamiento de la ley Hipotecaria, y de que no se tomó razón en las antiguas Contadurías; y conversión de las hipotecas legales, ya abolidas o ya respetadas, en otras especiales.

En cuanto al primer punto, el remedio tiene que ser radical y apelamos al juicio de todos los que por una u otra razón hayan tenido ocasión de examinar los archivos de las antiguas Contadurías; es tal la informalidad y desconcierto de los asientos, tal la falta de sistema y relación de unos con otros, que se hace frecuentemente imposible venir en conocimiento de la finca a que se refieren. Y aun en los que reúnen cierto número de requisitos, es difícil identificar el inmueble a que hacen relación, y por consiguiente, el saber con seguridad si en los libros antiguos hay alguna inscripción relativa a fincas comprendidas en un título moderno, porque es sabido que, efecto de la extrema subdivisión de nuestro suelo, las fincas por lo general no llevan un nombre que conservan perpetuamente, como sucede en aquellas de nuestras provincias en que la propiedad está más o menos acumulada, sino que se distinguen casi exclusivamente por los linderos, y éstos se expresan por los nombres de los propietarios colindantes; resultando de todo, que al cabo de cierto número de años, la finca en cuestión y las que la rodean han cambiado de dueño y es absolutamente imposible conocer que la que se deslinda de cierto modo en un título ahora, es la misma que aparece deslindada de otro en los antiguos libros. De aquí la dificultad de formar buenos índices y el justo temor de que todos los formados no reúnan las condiciones que sería de desear, y sobre todo la imposibilidad de que sean completos, a causa de las muchas inscripciones defectuosas que no pueden comprenderse en ellos; siendo de advertir que aun cuando todos los Registradores lleguen a terminar los índices, cada vez que uno de estos funcionarios se encargue de un Registro, habrá de examinar los que su antecesor haya formado para servirse sin temor de ellos, si los encuentra útiles, o hacer otros nuevos, si le parecieran defectuosos, y dejar en todo caso a salvo su responsabilidad; de suerte que constantemente renacerá la imposibilidad de extender inscripciones definitivas, así como siempre estarán pendientes los interesados en los asientos modernos de que se declare bueno y válido alguno de los antiguos que no se comprendió en los índices. Ahora bien, con esta asimilación de los informales asientos de antes con los ordenados de hoy, ¿puede ser nunca verdad el registro? ¿Puede conocerse la historia de las fincas? ¿Es posible el *crédito territorial*? Ciertamente que no, y sólo cabe un remedio, que es declarar la caducidad de todos los asientos antiguos que no se trasladen a los libros modernos dentro de ciertos plazos; los anteriores al año de 1800, antes de *un año;* los de fecha de 1801 a 1820, antes de *dos;* los de 1821 a 1833, antes de *tres;* los de 1834 a 1945, antes de *cinco;* y los de 1845 a 1863, antes de *diez.*

No faltará quien diga que es una obligación gravosa la que se impondría a los particulares; pero debemos hacer notar que en las Contadurías hay libros, cuyos asientos han de comprenderse en los índices, que datan del siglo XVI; y sin embargo, si se tiene en cuenta el número de años en que la propiedad cambia de dueño, puede asegurarse que por lo menos casi todas las inscripciones anteriores a 1840 son inútiles, porque las fincas a que se refieren habrán sido posteriormente comprendidas en títulos inscritos o inscribibles; y por lo que hace a las de fecha posterior, muchas se encontrarán en igual caso, ya en la actualidad, ya antes de la terminación del plazo que queda indicado; y finalmente, las que fuera preciso trasladar no debe echarse en olvido cuán fácil y económica es la traslación, según la ley Hipotecaria vigente, y que aún podría hacerse más. Quizá haya también quien se asombre de que nos atrevamos a proponer un aplazamiento de *diez* años al planteamiento de instituciones de crédito territorial; pero aparte del medio provisional de utilizar este agente económico, de que luego nos ocuparemos, haremos observar que la experiencia nos enseña lo fácil que es en nuestro país que una reforma esté *a punto* de hacerse, no *diez* sino *veinte* años; y por lo mismo que vale más conformarse con un plazo largo y de terminación segura, que no dejar pasar mucho más tiempo esperando encontrar remedio más breve.

IX. *Títulos antiguos no inscritos*

El obstáculo relativo a los títulos antiguos no inscritos no es de difícil solución después de las varias y acertadas medidas que, con posterioridad al planteamiento de la ley Hipotecaria, se han dictado con el objeto de facilitar su inscripción, así como las encaminadas a acreditar la posesión, cuando falte título; remedio que si tiene escasa importancia bajo cierto punto de vista, produce el deseado efecto de llevar un crecido número de fincas al *Registro*. Pero debemos hacer notar, que si bien no hay inconveniente alguno en limitar desde luego el período dentro del cual deban inscribirse los títulos antiguos, por lo fácil que es hoy su inscripción, sería escusado obligar a hacerlo antes del plazo más largo señalado para la caducidad de los asientos antiguos, porque como en tanto que éstos no pasen a los libros modernos o se declaren sin efecto, es incierto el estado de la propiedad, poco se adelantaría con precipitar el registro de aquellos títulos.

X. *Hipotecas legales*

Réstanos el punto relativo a hipotecas legales, que comprende dos extremos: uno referente a las que la ley respeta, y otro a las que declara abolidas. En cuanto a las primeras, no es esta ocasión oportuna de discutir el fundamento de las hipotecas establecidas por ministerio de la ley; bajo el punto de vista del Registro de la propiedad, siendo especiales y no generales, nada cabe objetar; pero la ley Hipotecaria al mismo tiempo que dispone la especialidad en todo caso de estas hipotecas, respeta tal como están las generales que hoy tienen las mujeres y los hijos sobre los bienes de sus padres o maridos en los casos en que otro lugar quedan expresados. Difícil es encontrar el motivo de tan excesivo respeto; lo que sí puede asegurarse, es que sólo esta excepción haría imposible el crédito territorial durante mucho tiempo. Estas hipotecas legales generales que se conservan están en el mismo caso que las que se declaran abolidas; a los interesados en éstas se les da un plazo para que constituyan una especial, ya que la ley suprime la general que tenían; y con las mujeres y los hijos debe hacerse lo mismo. Lo que sí hay que tener muy presente, es que no es posible obligar a la conversión sino cuando el estado de la propiedad sea perfectamente conocido; pues de otro modo podría no ser eficaz la hipoteca especial que se constituyera, y por consiguiente que, así respecto de estas, como de las abolidas, acciones rescisorias o resolutorias, legados y créditos refaccionarios, el plazo para constituir la hipoteca especial correspondiente o la anotación que proceda, no puede comenzar sino después de terminado el señalado para la traslación o caducidad de los asientos antiguos e inscripción de los títulos anteriores a la vigente ley Hipotecaria. Y como en los diez años, que creemos necesarios para los efectos antes indicados, quedarían convertidas aquellas hipotecas en su mayor parte y asegurados los más de dichos derechos, un año sería bastante para que los que faltaran entraran completamente en condiciones legales, llevando a cabo la conversión sin riesgo de ninguna clase.

XI. *Resultado*

Resulta, pues, que pedimos *once* años para que siendo el *Registro de la propiedad* una verdad, sea posible el crédito territorial; plazo no corto, pero necesario, porque mientras las inscripciones antiguas no entren en las condiciones del actual régimen hipotecario, trasladando las reformadas a los libros nuevos, o no se declaren caducadas; en tanto todos los títulos antiguos no se inscriban; y hasta que se constituyan las hipotecas especiales que la ley autoriza y otras que debe prevenir, no puede haber el orden apetecido; y como no es posible lo último sin lo primero y lo segundo, y para esto son precisos por lo menos *diez* años, a fin de que se lleve a cabo con el menor daño posible de los particulares, es necesario conformarse y esperar *once* años, confiados en que entonces *toda* la propiedad podrá tener en el Registro su historia clara y completa.

XII. *Progresos del crédito territorial*

¿Y entretanto, se nos dirá, dejaremos la propiedad en la triste situación en que se encuentra? No diremos que sea lisonjero su estado; pero debemos consignar que algo se ha hecho en su favor, y que si hoy está mal, peor ha estado. En la *Estadística del Registro de la propiedad* últimamente publicada, encontramos un dato que por sí solo demuestra cuánto ha ganado la propiedad española al amparo de la legislación hipotecaria vigente. En 1861, cuando aún no regía la ley actual, con la garantía de 84.533 fincas rústicas y 25.118 urbanas se aseguró un capital de 548 millones de reales; pues bien, en 1865 con 79.051 rústicas y 21.224 urbanas, se garantizaron 1.433 millones, es decir, que con menos fincas se aseguró un capital casi triple; y en el 64, con cuatro quintas partes de fincas, el doble; y en el 63, con la mitad, una cantidad igual. ¿Se quiere una prueba más patente de lo que ha ganado ya el crédito de la propiedad?

Y por lo que hace al interés del dinero, los datos reunidos y publicados acusan un movimiento favorable a la propiedad. Reduciendo a tres los nueve grupos, en que encontramos clasificados los préstamos por razón del interés, resulta que los capitales prestados están en la proporción siguiente, con relación a 100:

	1863	1864	1865
Sin interés	29,0	23,1	17,0
De 1 a 8 por 100	49,6	50,8	59,7
De 8 en adelante	21,4	26,1	23,3

Nótase, en primer lugar, que los préstamos *sin interés* disminuyen, y es bien sabido que precisamente en éstos es en los que la ganancia es tan crecida, que el prestamista se avergüenza de consignarla; en segundo, que los préstamos con un interés módico aumentan de año en año; y por último, que los que alcanzan mayor rédito disminuyen en el año 65 respecto del 64, siendo debido el que sea menor en 63 a los muchos préstamos que figuran *sin interés*. La verdad es que, al oír a la generalidad, parece que en España los propietarios no encuentran dinero como no sea el 20 por 100; y lo cierto es que si, por ejemplo, en 1865 se han confesado prestados con interés superior al 20 por 100 más de *dos* millones de reales, y del 15 al 20 más de *seis,* también lo es que se han prestado más de *quinientos* a un rédito de 5 a 8 por 100, y más de *veintinueve* de 3 a 5, y más de *seis* de 1 a 3; sin que podamos pensar que hay falta de verdad en el interés que aparece estipulado, porque cuando es crecido se embebe en el capital y figura como préstamo sin interés, por lo cual ha lugar a poner en tela de juicio la *generosidad* de los que en esta forma prestaron en el referido año más de *ciento cincuenta y tres millones.*

Otro dato importantísimo es el relativo a los plazos por que se constituyen las hipotecas, porque se enlaza con la primera de las ventajas de los Bancos hipotecarios. Pues bien, nótase que próximamente el 50 por 100 de las hipotecas constituidas en los tres años referidos lo fueron por un plazo menor de tres años, lo cual demuestra ciertamente una de las angustiosas condiciones en que se hacen los préstamos; pero al mismo tiempo obsérvase, comparando el resultado de cada uno de estos años con los otros y prescindiendo de las hipotecas sin plazo fijo, que mientras las de un plazo breve disminuyen y las de un plazo medio permanecen estacionarias, las de plazos largos aumentan de una manera notabilísima, como puede verse en el siguiente cuadro:

	Menos de 3 años	De 3 a 10	Más de 10
1863	54,1	17,4	0,9
1864	50,3	18,0	3,8
1865	48,3	17,6	9,4

¿Es esto decir que todo va bien y que debemos contentarnos con lo conseguido? De ningún modo; al tomar estos datos de la *Estadística del Registro de la propiedad,* nos proponemos presentar las cosas tales como son, para que se reconozcan los beneficios que el nuevo régimen hipotecario, aunque sólo en parte vigente, ha producido a la propiedad; y a fin de que no se abulte el mal y se presente como sacrificio más costoso de lo que es realmente la espera del plazo que consideramos necesario para la marcha desembarazada del Registro de la propiedad y consiguientemente para el establecimiento de instituciones de crédito territorial; salvo que nos contentemos con los nombres de las cosas, en cuyo caso sólo haremos observar que mientras en Inglaterra, donde no hay Bancos hipotecarios (uno solo hay y éste es internacional), los capitalistas ofrecen a porfía su dinero a los propietarios a un interés sumamente módico, en Francia el *crédito territorial* ha prestado escasos servicios a la propiedad, cuya deuda hipotecaria se calcula entre *ocho o diez mil millones.*

XIII. *Posibilidad de un remedio inmediato*

Pero lejos de diferir hasta dentro de once años la creación de Bancos hipotecarios, vamos a indicar el único medio que hay, en nuestro juicio, para que antes de año y medio puedan comenzar a funcionar entre nosotros aquellos establecimientos.

Como hemos visto, las dificultades que estorban el *crédito territorial* pueden resumirse diciendo que las fincas tienen una historia *larga* y *confusa,* lo cual hace absolutamente imposible el conocer sus verdaderas condiciones, lo que *son* y lo que *valen.* ¿Y no sería asequible separar de la masa general de predios algunos que, por el contrario, tengan una historia *corta* y *clara*? Ciertamente que sí; los bienes del clero, beneficencia, instrucción, propios, etcétera, vendidos por el Estado, se encuentran en este caso; podemos hacer arrancar su historia desde la enajenación hecha por el Estado, prescindiendo de los períodos anteriores de su existencia legal; y esto puede hacerse sin temor ni peligro alguno, porque para responder de las reclamaciones que pudieran hacerse relativas a tiempos anteriores está en todo caso la Nación, que es siempre solvente.

Respecto de estos bienes no hay que registrar los asientos de antiquísima fecha, ni esperar la presentación de títulos no inscritos: el primero es el otorgado por el Estado; los posteriores, si los hay, es casi seguro que estarán registrados. Y para que la historia sea más *breve* y más *clara,* puede prescindirse de las fincas vendidas en las primeras épocas de la desamortización; basta tomar en cuenta las enajenadas desde el año 1859 hasta el día y las que se enajenen en adelante. ¿Y qué ha de hacerse para poner estas fincas en condiciones a propósito para que, mediante ellas, sean posibles los Bancos hipotecarios? Hacer que respecto de ellas rijan *todos* los efectos de la ley Hipotecaria; que no puedan hacerse contra tercero reclamaciones relativas a las mismas, sino con título *inscrito,* lo cual no encierra peligro alguno, porque lo general será que tales fincas estén en poder de los que las adquirieron del Estado, y si ha habido alguna trasmisión constará en los antiguos libros, y será fácil siempre hallar el asiento e identificar el predio por no poder ser sino de fecha posterior al año de 1858; que respecto de estas fincas no pueda entablarse reclamación alguna por razón de hipoteca legal u otro concepto de los expresados en la ley Hipotecaria, según hemos visto, sin que en esto haya perjuicio para nadie, porque las mujeres casadas, los hijos, los legatarios, los acreedores refaccionarios, etc., sabiendo que se declara a las fincas referidas fuera de toda contingencia, de toda reclamación desconocida, pueden desde luego pedir la hipoteca especial o la anotación preventiva a que tengan derecho, sin que puedan alegar, como hoy, que no es posible hacerlo por la inseguridad de la nueva garantía; y, por último, como por una parte podría suceder que hubiera sin registrar algunos títulos posteriores al de enajenación hecha por el Estado, y, por otra, sin que todos ellos estén inscritos o puedan estarlo, no pueden ser estos bienes segura garantía para los derechos de las personas de que antes hemos hablado, sería preciso dar un plazo de *seis meses* para la inscripción de títulos no inscritos y posteriores a la enajenación por el Estado, y otro también de *seis meses*, que comenzaría al terminar el anterior, para que reclamaran las hipotecas especiales que sobre tales fincas tuvieran derecho a pedir aquellos a quienes la ley se lo concede. Terminado este segundo plazo, procedería la declaración de que, respecto de los bienes enajenados por el Estado, la ley Hipotecaria surtía todos sus efectos, y, por consiguiente, que para el tercero no habría otro dueño de la finca que el que apareciera en el Registro, ni se reconocerían otros gravámenes que los que en el mismo resultasen claramente.

Quizá parezca que el remedio es poco eficaz; que, aun suponiendo que en 1.º de julio del año próximo venidero comenzaran a funcionar los *Bancos hipotecarios,* serían escasos sus frutos por lo limitada que estaría su esfera de acción, hasta que, mediante las reformas propuestas, entrara toda la propiedad a participar de los beneficios del crédito. Para desvanecer estas dudas haremos constar que las fincas enajenadas por el Estado sólo en los siete años trascurridos desde 1859 a 1865 importan 3.263.203.745 rs., y las que quedaban por vender en febrero de 1866, 4.888 millones; en junto, más de 8.000 millones de reales; masa de bienes más que sobrada, no ya para atender a las necesidades ordinarias de nuestro crédito territorial, sino también para liberar la propiedad española de toda su deuda hipotecaria, puesto que no pasa seguramente de 6.000 millones de reales; habiendo de reconocerse, cuando menos, que podrían reintegrarse los préstamos hipotecarios, que, por lo crecido del interés y lo breve del plazo, se encuentran en las peores condiciones, tomando dinero de los Bancos para pagar a los prestamistas particulares.

Indirectamente vendría a proporcionar beneficios al Estado esta reforma, porque los bienes aún no vendidos ganarían en estimación en razón de este importante servicio que podrían prestar a los adquirentes, y también porque el deseo de tener las fincas en aptitud de tomar dinero sobre ellas, con las favorables condiciones con que lo habrían de hacer los Bancos hipotecarios, obligaría a sus dueños a anticipar la parte de precio que tienen o habrán de tener que pagar a plazo, lo cual produciría al Estado un beneficio, estimable siempre, pero mucho más en las actuales circunstancias.

XIV. *Conclusión*

Quizá parezca que exajeramos las dificultades que se oponen al establecimiento de *Bancos hipotecarios;* que es mucho pedir *once* años para poner la propiedad española en condiciones de disfrutar los beneficios del crédito; que es asunto muy grave el declarar la caducidad de los asientos antiguos que no se trasladen a los libros nuevos; que la solución que proponemos sobre la base de los bienes enajenados por el Estado será poco eficaz; y, por último, que aun admitida esta solución, es mucho esperar *un* año para que se levante entre nosotros la primera institución de crédito territorial. Quién tenga razón el tiempo lo dirá. Lo que sí afirmamos resueltamente es, que ocuparse de Bancos territoriales, dejando a la espalda las reformas del régimen hipotecario o del Registro de la propiedad, como si fueran sencillas de suyo, a la manera de las que hayan de hacerse, por ejemplo, en el juicio ejecutivo, es trocar los frenos y cimentar en el aire.

B. Transmisión (de bienes) por actos «inter vivos» *

El derecho de enajenar es inherente al dominio.—Clasificación de las legislaciones bajo el punto de vista del modo de verificarse la enajenación de los bienes inmuebles; suerte de la antigua doctrina de la tradición; valor de la inscripción en el Registro de la propiedad. Enajenación de las cosas muebles.—Relación de los contratos con la propiedad.—Enajenación forzosa por causa de utilidad pública.

«El derecho de enajenar, dice el Código portugués (artículo 2359), es inherente a la propiedad; y nadie puede ser obligado a enajenar o no enajenar sino en la forma y en los casos determinados por la ley [2].» Este principio lo admiten todas las legislaciones, aunque no lo declaren de un modo tan explícito como la lusitana, quedando, fuera de circunstancias especiales [3], sólo como limitaciones de ese derecho las vinculaciones en algunos países, el tanteo y retracto en otros, y la expropiación

---

* *Ensayo sobre la historia del derecho de propiedad y su estado actual en Europa.* III, Madrid, 1883, Capítulo VIII, páginas 64-71.

[2] El Código austriaco dice: «Las cosas que tienen ya un propietario, se adquieren de una manera mediata, pasando en forma legítima de un propietario a otro» (art. 423). «La adquisición mediata se deriva de un contrato, de un testamento, de un juicio o de la ley» (art. 424).

[3] Como respecto de los bienes dotales, de los litigiosos, de los enajenados por los Tribunales para cumplimiento de obligaciones, etc.

o enajenación forzosa por causa de utilidad pública, autorizada en todos.

En cambio hay entre ellas notables diferencias en lo referente al modo de verificar la enajenación. Algunos Códigos todavía hablan de justo título [4] y de modo, y otros suponen esta distinción, aunque no la expresen en los mismos términos; pero los más se han apartado de la doctrina romana de la *tradición*, que en otro lugar hemos examinado [5]. En este respecto pueden clasificarse las legislaciones, por lo que hace a los bienes inmuebles, en cuatro grupos. En el primero incluimos las que exigen la tradición [6], entrega o toma de posesión, como requisito indispensable para la trasmisión de la propiedad; en el segundo, las que declaran que ésta se verifica por virtud de las convenciones, ya den un valor absoluto al mero consentimiento [7], ya establezcan solemnidades espe-

---

[4] El de Argovia dice (art. 509): «el justo título de una adquisición es un contrato o una disposición *mortis causa*, o una sentencia judicial o una disposición de la ley, en particular la prescripción». El Código de Glaris (art. 173) dice: «para llegar a ser propietario de un inmueble, se necesita en principio: 1.º un justo título, como un contrato, una herencia, un juicio o una adjudicación, y una traslación de la posesión como consecuencia de este título; 2.º una inscripción en el Registro de la propiedad, etc.».

[5] Véase tomo I, cap. V, § 6.º, págs. 103 y siguientes.

[6] En este grupo pueden incluirse algunas legislaciones, como las de Dinamarca, Noruega, provincias bálticas, Servia, Berna, etc., porque aun cuando exigen también la inscripción en el Registro, no depende de ella la trasmisión de la propiedad inmueble.

[7] En este caso se encontraba el Código Napoleón, copiado en este punto por otros, como el de Friburgo, Tessino, etc.

ciales para hacer constar éste [8]; en el tercero, las que han sustituido la tradición con la *inscripción* o *transcripción* en el Registro [9]; y en el cuarto, las

---

Dice en su art. 711: «la propiedad de los bienes se adquiere y se trasmite por sucesión, por donación entre vivos o testamentaria y *por efecto de las obligaciones*». En el 1138: «la obligación de entregar la cosa queda perfecta por el solo consentimiento de las partes contratantes; *él hace al acreedor propietario,* etc.». Y en el 1583: la venta «queda perfecta entre las partes y la *propiedad la adquiere de derecho el comprador* respecto del vendedor, tan pronto como se ha convenido en la cosa y en el precio, aunque la cosa no haya sido entregada, ni el precio pagado». Pero por la ley de 23 de marzo de 1835 sobre transcripción, se exigió esta para que la trasmisión valga contra *tercero.*

[8] El Código de Vaud (art. 1113) copia el art. 1583 del Código Napoleón y añade: «sin embargo, la venta de un inmueble no es perfecta sino cuando el acto auténtico está otorgado; antes hay sólo una promesa de venta». Lo mismo dice el de Neuchatel (art. 1223). En Suecia (Saint-Joseph, *ob. cit.,* tomo III, pág. 520), todo título de venta de un inmueble debe presentarse al Tribunal, donde se lee en tres audiencias, y según las leyes hipotecarias de 1875, es obligatoria la investidura legal (*lagfart*), pero no constituye la trasmisión de la propiedad, siendo su único objeto hacerla pública.

[9] En Polonia, por la ley de 6 de abril de 1818, mientras no se inscribe, no hay más que un derecho personal; en Holanda (artículo 671) la entrega de los inmuebles se verifica por la trascripción en el Registro; en Argovia (512) y Soleure (738) lo mismo; en Glaris (173) el adquirente de un inmueble no se considera propietario sino a partir de la inscripción; Lher (*ob. cit.,* § 61) dice que en una gran parte de Alemania (Austria, 431, Sajonia 276, Zurich, 532, Grissons, 186, Schaffhausens, 474, Argovia, 512, Soleure, 738, Berna, 134 y ley de 24 de diciembre de 1846) la legislación ha retrocedido, declarando ineficaz para la adquisición de la propiedad la forma romana que había llegado a prevalecer, y exigiendo, conforme con

que combinan estas distintas formas, exigiendo ya la tradición y las solemnidades, ya éstas o aquélla y la inscripción [10], o admitiendo un prin-

---

el antiguo principio del derecho germánico, que conste oficialmente el acto por medio del registro territorial. Pero algunos de los países indicados combinan la inscripción con alguna de las otras formas, como se verá en las notas siguientes.

[10] El Código de Austria, que exige la inscripción o *intabulación* (431), declara en el 1037 que en la venta no tiene lugar la adquisición sino mediante la tradición de la cosa vendida, perteneciendo hasta entonces la propiedad al vendedor. Según el Código ruso (923, 987, 1417, etc.), es preciso, además del acto auténtico, poner en posesión al adquirente, hacer pública la trasmisión en el Tribunal e inscribirla. En las provincias bálticas es necesaria la tradición, que se verifica respecto de los inmuebles por medio de la instalación en ellos del adquirente, o por la entrega de los títulos o de las llaves, pero no se adquiere la propiedad sino mediante la inscripción en el Registro (Lher, *Droit russe*, § 261), en Noruega (Saint-Joseph, *ob. cit.*, tomo III, pág. 12), la obligación sólo confiere el derecho de obtener la tradición, o si se trata de un inmueble, de exigir del vendedor la entrega de un documento o título que representa la entrega del objeto; luego se lee aquel en audiencia pública del Tribunal y se inscribe en el Registro. El Código prusiano muestra, como dice Lehr (§ 62), una yuxtaposición de la legislación romana y de las reglas del derecho germánico, pues declara a la vez que la adquisición es perfecta mediante la tradición y también mediante la inscripción (Saint-Joseph, tomo III, pág. 250, 1-5, 6-14), y hoy todavía por las leyes de mayo de 1872 se exige a la par la investidura ante el Registrador y la inscripción, pero constituyendo un solo acto. (Véase tomo II de esta obra, pág. 305 y 306.) En Servia se declara que las cosas se adquieren por tradición (art. 285), pero también que es propietario el que primero inscribe en el Registro (298). En Appenzell, según la ley de 30 de abril de 1837, el secretario del municipio redacta el título y lo copia literalmente en el Registro. El Código de Berna

cipio para los contratantes y otro respecto del tercero [11].

Prescindiendo de consideraciones que es inútil repetir aquí, puesto que en otra parte quedan

---

(430, 432, 435 y 412), establece que la propiedad de los inmuebles se trasfiere por la declaración de las partes interesadas ante el Tribunal y por la toma de posesión, añadiendo que el modo de adquirir consiste en la tradición y toma de posesión legítima, exigiendo además el registro de todos los títulos de adquisición de inmuebles. El de Lucerna determina (286 y 291): que el simple título no confiere ningún derecho de propiedad, estatuye sobre la tradición como el de Roma, atribuye el dominio al que primero ha entrado en posesión, y declara que la entrega de un inmueble se verifica por la noticia dada al consejo comunal y por la transcripción en los Registros públicos. Según el de Zurich (532 y 534), ni la mera trasmisión de la posesión ni el simple contrato constituyen una adquisición de la propiedad; y al determinar los requisitos que debe reunir el acto auténtico para trasmitir aquella *inter vivos*, se exige como uno de ellos la inscripción del contrato en el Registro de inmuebles. El de Glaris (art. 175) exige el justo título, la traslación de la posesión y la inscripción; pero, como queda dicho en la nota precedente, el adquirente se considera propietario a partir de la última.

[11] En este caso está Francia después de publicada la ley sobre transcripción de 23 de marzo de 1833, puesto que para los contratantes rige el principio según el cual se trasfiere la propiedad por las convenciones, pero respecto de tercero es necesaria la inscripción. El Código de Italia ha seguido fielmente la doctrina del francés (artículos 1125 y 1448); mas añade (1942), que los actos traslativos de la propiedad «mientras no se trascriban, no producen ningún efecto respecto de los terceros que, por virtud de un título cualquiera, han adquirido y legalmente conservado derechos sobre el inmueble». Según el portugués, la trasmisión de la propiedad se verifica por el mero efecto del contrato, salvo acuerdo de las partes en contrario (715), pero «la cosa comprada pertenece al comprador

hechas [12], haremos notar tan sólo que, como se ve, las legislaciones están comprendidas, en esta materia, entre dos extremos representados por el derecho romano y por el Código Napoleón; aquél, partiendo de la doctrina del título y del modo, exigía en todo caso la *tradición* [13]; éste, por el contrario, prescinde de ese dualismo declarando que la propiedad se trasmite por virtud de la mera convención. Luego los Códigos parece que han retrocedido volviendo al sentido del derecho romano, pero no es así en realidad, porque la antigua tradición no se originaba de la necesidad de dar publicidad al acto de la trasmisión y de rodear a ésta de todos los requisitos convenientes para asegurarse de su autenticidad, sino

---

desde el momento en que el contrato se ha celebrado... mas con relación a tercero, la venta de bienes inmuebles sólo producirá efecto desde que se registrare en los términos establecidos en el título respectivo» (1549). En este grupo debe incluirse a España, puesto que desde la publicación de la moderna ley hipotecaria es necesaria la inscripción respecto a tercero, por donde en cuanto a los contratantes rige la legislación antigua, que varía según las provincias. En Castilla y Cataluña, es necesaria la tradición; en Navarra, una señal exterior que haga pública la toma de posesión de la cosa, y en Aragón, por voluntad del enajenante, habiendo justa y legítima causa, se trasfiere, no sólo el dominio, sino la posesión, bastando el título si se ha celebrado por instrumento con arras o por medio de corredor, o si la escritura de venta, permuta o donación contiene la entrega de posesión. (Véase GUTIÉRREZ, *ob. cit.*, t. 7.º, lib. 3.º, cap. 18.) Esto último se hacía en algunas provincias de Francia, quedando así reducida la tradición a una fórmula escrita o de expresión.

[12] Véase t. 1.º, págs. 120 y siguientes; t. 2.º, págs. 301 y siguientes.

[13] Y cuando era imposible, la *cuasi-tradición*.

que era una consecuencia derivada de una doctrina completa y estricta respecto de este punto, según vimos en su lugar, al paso que las legislaciones modernas en el fondo han venido a consagrar el principio proclamado por el Código Napoleón, apartándose de él en los mayores requisitos que exigen para hacer constar el consentimiento; y más aún, en muchas de ellas la inscripción tiene ese mismo carácter, siendo tan sólo una solemnidad que se añade a las otras, un medio de prueba más. Y donde reviste otro distinto, como sucede en los países en que la inscripción sólo es necesaria respecto del tercero y en los que se da a aquella un valor absoluto, haciendo depender de ella la trasmisión, responde a la necesidad de hacer ésta pública, como lo pide la naturaleza misma del derecho de propiedad, fin que no cumple la tradición, la cual no fue establecida por los romanos con semejante intento. En suma, la propiedad se trasmite por virtud de las obligaciones, por el mero consentimiento, pero como la ley puede y debe exigir más o menos requisitos o solemnidades para la expresión del mismo según la naturaleza de los actos jurídicos en que se presta, impone en éste el otorgamiento de escritura pública, o la declaración ante el Juez, o la lectura del título en los Tribunales, o la inscripción en el Registro, que viene a ser la prueba definitiva e incontestada, además del medio único de dar a la trasmisión la publicidad que exige la naturaleza misma del derecho de propiedad, y cuyo carácter se pondrá más de manifiesto cuando todas las legislaciones lo exijan, no sólo para que la trasmisión perjudique a tercero, sino entre los contratantes mismos, cesando ese dualismo admitido por algunos, que tiene el inconveniente de dejar la propiedad en un estado flotante e indeciso, puesto que el enajenante, mientras no hay inscripción, sigue siendo propietario para el tercero, mientras que no lo es para el comprador, como sucede en Francia tan pronto como se celebra el contrato, o en España desde que se entrega la cosa.

En cuanto a las cosas muebles, según unas legislaciones se trasmite la propiedad de ellas por el mero contrato [14]; según otras es necesaria la tradición [15]; y en Inglaterra, en unos casos basta aquel y en otros es precisa ésta [16]. Algunos escritores suponen que el Código Napoleón exige la tradición, fundándose en que el art. 1141, en caso de concurrir dos ventas o donaciones de una cosa mueble, hechas en favor de dos personas diferentes, da la preferencia al que ha sido puesto en posesión de aquella, aunque su título sea posterior, con tal que sea de buena fe [17]; pero esta disposición es

---

[14] Código Napoleón, artículos 1138 y 1583; italiano, 1125 y 1448; portugués, 715; Vaud, 1113; Friburgo, 1408; Tessino, 703; Neuchatel, 1226.

[15] Austria, 1053; Holanda, 697; Servia, 283 y 287; Berna, 490; Lucerna, 286-290; Zurich, 646 y 647; Glaris, 221, y los pueblos escandinavos.

[16] No por la distinción entre lo que los ingleses denominan contrato *executed* y contrato *excutory,* según que, por ejemplo, dos cambian un caballo por otro llevándolo a cabo, o convienen hacerlo en cierto día, sino por la distinción entre los *gifts* (donación gratuita) o *grants* (donación con causa) y el contrato, en cuanto en el primer caso se trasmite una propiedad *in possesion,* y en el segundo, una *in action.*

[17] Lo mismo determina el Código italiano, art. 1126. El portugués (1578) da la preferencia al que tenga el título más antiguo, y si esto no puede saberse, al que haya entrado en posesión.

una consecuencia del principio de que tratándose de bienes muebles, la posesión surte el efecto de título, y no excepción del que afirma que la propiedad se trasmite por virtud de las obligaciones. Lo que sucede es, no que el primer adquirente no se haya hecho propietario de la cosa vendida sólo por efecto de la venta, sino que está incapacitado para ejercitar la acción reivindicatoria por virtud de dicha máxima [18].

No debemos ocuparnos aquí en el examen de los actos por virtud de los cuales se trasmite la propiedad *inter vivos*, o sea de los contratos [19], porque esto sería penetrar en la esfera del *derecho de obligaciones*. Indicaremos tan sólo que los contratos sobre *servicios* tienen también una conexión, aunque indirecta, con el derecho de propiedad, en cuanto la falta del deudor da lugar a una indemnización de daños y perjuicios; y que, por lo que hace a los contratos sobre *cosas*, incluimos en ellos todas cuantas convenciones tengan por objeto la enajenación de la plena pro-

---

[18] Véase AUBRY y RAU, *ob. cit.*, § 174.

[19] Inglaterra es una excepción en este punto, no sólo porque allí no se considera la donación como un contrato, cosa que hacen otras legislaciones, sino porque por el matrimonio el marido adquiere la propiedad de los bienes personales de la mujer. Además tiene una complicada nomenclatura de modos de enajenación, en la que los contratos (*conveyances at common law*, si se trata de los bienes reales, *contracts*, si de los personales) constituyen un solo miembro al lado de las enajenaciones por el estatuto de *uses*, por *record*, *special custom* y *devise*, si bien algunos de éstos han desaparecido o se han modificado por virtud de la abolición de los *fines* y *common recoveries* y las reformas referentes a la propiedad *copyhold*.

piedad o de un derecho real, cualquiera que él sea, la trasmisión del uso de la cosa apropiada y la constitución de ésta en garantía de una obligación [20].

Antes de terminar este punto, diremos dos palabras sobre la *enajenación forzosa* por causa de utilidad pública. Todos los Códigos [21] y todas las

---

[20] Los contratos sobre cosas pueden clasificarse de la siguiente manera:
A. Contratos traslativos de la *propiedad:*
  1. Unilaterales: donación.
  2. Bilaterales: permuta, venta, censo, etc.
B. Contratos traslativos del *uso:*
  1. Unilaterales: mutuo, comodato.
  2. Bilaterales: préstamo con interés, arrendamiento.
C. Contratos de *garantía.*
  1. Prenda.
  2. Hipoteca.
Incluimos las donaciones entre los contratos, siguiendo a la mayor parte de los autores y de los Códigos modernos. (El de Napoleón trata de ella juntamente con los testamentos; el de Italia, en un título especial; el de Portugal la incluye entre los contratos.) «La única diferencia, dice Savigny, entre la donación y el contrato consiste en que éste puede aplicarse a toda clase de relaciones de derecho, mientras que aquélla se aplica solamente al derecho de bienes.» Véase su *ob. cit.,* §§ CLII, CXV y CLXV.

[21] Código Napoleón, art. 545; Italia, 438; Portugal, 2360; Holanda,, 625; Austria, 365; Islas jónicas, 431; Berna, 379; Friburgo, 465; Lucerna, 242; Valais, 381; Neuchatel, 393; Soleure, 684; Glaris, 181; Vaud, 346; Ley federal suiza de 1.º de mayo de 1872, citada por Lher; Servia, 217, etc. En Inglaterra antes sólo cedía el derecho del propietario ante la omnipotencia del Parlamento, pero en 1845 se autorizó para la ejecución de caminos de hierro y obras públicas. (*Land clauses consolidation Act,* VII. Vict. capítulos XVIII y XIX), y poste-

Constituciones[22] la autorizan en principio, dejando su desarrollo a leyes especiales. Son rasgos comunes la declaración de la utilidad pública y la justa y previa indemnización, consistiendo las diferencias en la mayor o menor amplitud que se da a aquel concepto, en la garantía distinta que protege el derecho del propietario, según que se exige para la expropiación una ley o sólo un decreto del poder ejecutivo, y en los trámites que ha de llevar el expediente para llevarla a cabo. Este punto es trascendental por la cuestión de principios que entraña. Si los legisladores exigieran para la expropiación la *necesidad* pública que pedía la Constitución del año III de Francia, sería menos grave; pero el Código Napoleón la autorizó en caso de *utilidad* pública, y lo propio hacen todas las legislaciones modernas; así que no es extraño que, pensando en las consecuencias que pueden sacarse de este principio, se haya dicho: «los tiempos cambian y los gobiernos mudan, y si se repiten *sin gran necesidad* los ejemplos, de temer es que se autoricen otros para el despojo con el mismo principio de utilidad de que hoy se valen algunos para la expropiación» y también que «la diferencia no es sino del más al menos, y de diminución en diminución se puede llegar a la supresión». En efecto, invocando la utili-

---

riormente se han dictado estatutos particulares con motivo de las medidas sobre salubridad, construcción de casas de obreros, etc.

[22] Baviera, art. 8.º; Bélgica, 11; Dinamarca, 82; España, 10; Grecia, 17; Italia, 29; Noruega, 101 y 105; Holanda, 147; Portugal, 21; Rumanía, 19; Prusia, 9; Austria, ley fundamental sobre derechos generales de los ciudadanos, art. 5, etc.

dad, bien puede pedirse hasta que se prive de su propiedad a todo aquel que por impotencia, incuria o torpeza, no saca de la suya el fruto que la sociedad debe esperar con daño evidente del interés general; así como no es de extrañar que un publicista moderno, después de asentar que todo hombre debe ser libre y que no se puede ser libre sin ser propietario, sacara como consecuencia que siendo la realización de este ideal de manifiesta utilidad pública, procedía la expropiación general y una nueva distribución de la propiedad. ¿Es decir esto que no proceda en caso alguno, como ciertos escritores pretenden? Ciertamente que no; el mismo principio que autoriza determinadas restricciones al ejercicio del derecho de propiedad, puede autorizar la completa privación de ésta. Así, por ejemplo, si todo particular está obligado a dar entrada y salida al predio enclavado entre otros, ¿cómo no lo ha de estar a ceder su propiedad para la construcción de un camino? Y si no puede transformarla o servirse de ella sin perjudicar a la salubridad pública, ¿cómo no ha de cederla forzosamente su desaparición es condición precisa para que aquella no padezca? Lo que sí debe hacer el legislador es, o autorizar la expropiación sólo en caso de *necesidad*, o señalar taxativamente los casos en que procede la declaración de utilidad, restringiéndolos todo lo posible[23]. Es verdad que, como dice el Código de Servia (art. 217), «el particular debe pre-

---

[23] La constitución de Rumanía declara en su art. 19 que «por causa de utilidad pública debe entenderse únicamente la construcción de caminos, las exigencias de la salubridad pública y la defensa del país».

ferir el bien público al suyo, y ceder su propiedad al Estado, mediante indemnización», pero éste es en los más de los casos un deber moral que no puede tener otra sanción que la de la conciencia del individuo primero, y la social o de la opinión pública después.

C. Hipoteca *

> Su naturaleza en general.—Caracteres especiales que tiene en Inglaterra y Rusia.—Consecuencias de la aplicación de los principios de especialidad y de publicidad a las hipotecas voluntarias, legales y judiciales.

La hipoteca, esto es, el derecho real constituido sobre bienes inmuebles [24] en seguridad del cumplimiento de una obligación, la encontramos en todas las legislaciones, aunque en la inglesa y la rusa carezca de algunos de los requisitos que son comunes a todas las demás.

En Inglaterra, el deudor entrega la cosa en *mortgage* al acreedor, el cual por *derecho común* la hace suya, si llegado el día en que vence la deuda, no es

---

* *Ensayo sobre la historia del derecho de propiedad y su estado actual en Europa*, III, Madrid, 1883, Capítulo XI, páginas 152-157.

[24] La excepción más importante, en este respecto, es la de los buques, los cuales, a pesar de que se consideran por todas las legislaciones, casi sin excepción, como bienes muebles, pueden ser objeto de hipoteca con arreglo a varios de los Códigos mercantiles modernos.

ésta satisfecha[25]. Pero los tribunales de equidad introdujeron en favor del deudor lo que se llama *equity of redemption*, tomándola del derecho romano, según dicen los jurisconsultos ingleses, en virtud de la cual puede pedir, dentro del término de veinte años, que se le devuelva la finca pagando capital, intereses y gastos. Además, si bien antes la cosa pasaba a manos del acreedor (*mortgagee*)[26], después se admitió que continuara en las del deudor (*mortgagor*), asimilándose así a la hipoteca de los demás países[27]. Queda siempre la diferencia de que mientras en éstos, como en Roma, el dominio continúa en cabeza del deudor, en Inglaterra pasa, aunque de un modo condicional, al acreedor[28].

En cuanto a Rusia[29], dice Lehr[30] que los eslavos desde hace mucho tiempo garantizaron los créditos con inmuebles, pero valiéndose más bien de la anticresis o el contrato pignoraticio, que de la

---

[25] Por esto se ha dicho que el *mortgage*, más que una hipoteca, es una especie de venta *a retro*, pero los juristas ingleses distinguen entre aquélla y ésta (*conditional or defeasible setlement or purchase*).

[26] Por esto decía GLANVILLE: *si non sequitur ipsius vadii traditio, curia domini regis hujusmodi privatae conventiones tueri non solet*, para evitar que se contrajeran fraudulentamente otros *mortgages; cum in tali casu possit eadem res pluribus aliis creditoribus tum prius tum posterius invadiari*.

[27] Otras veces en lugar de entregar la cosa, se entregan al acreedor los títulos de propiedad.

[28] Véase: *Wharton's Law Lexicon*, mortgage; y COLQUHOUN, *ob. cit.*, §§ 1499 y 1500.

[29] En Polonia y en las provincias bálticas el régimen hipotecario es análogo al del resto de Europa.

[30] *Droit civil russe*, § 361.

hipoteca en el sentido moderno de esta palabra, caso en que se hallaban en la Edad media otros pueblos; y añade que los intérpretes del derecho ruso se esfuerzan por hallar un equivalente a los vocablos *Zaklad* y *Zalogh*, que no tienen los diversos caracteres distintivos de la hipoteca del resto de Europa. Pero la verdad es que ya se traduzcan por este término, ya por el de *garantía inmueble*, como hace Saint-Joseph, siempre resulta que por virtud de esa institución queda la cosa afecta al cumplimiento de una obligación, y en consecuencia trabada o impedida su enajenación. El carácter más especial que presenta es quizás que, una vez constituida la hipoteca, el acreedor sólo tiene derecho a hacer que se venda la finca hipotecada y percibir su importe, sin que le quede el de reclamar la cantidad que éste no alcance a cubrir, salvo pacto en contrario, pero no por virtud sólo del contrato de hipoteca.

En casi todas partes es la hipoteca un accesorio de la obligación personal que garantiza. De esta regla general es una excepción Prusia, donde al lado de la hipoteca antigua se ha creado otra nueva que es completamente independiente del crédito, llamada *deuda territorial (grundschuld)* [31]. M. Gide la explica de este modo [32]: «toda deuda entre nosotros es personal, lo cual quiere decir que afecta, no

---

[31] En el proyecto presentado a las Cámaras de 1868 se admitía tan sólo esta hipoteca, pero la ley de 1872 restableció, al lado de ella, la antigua. Véase el *Bulletin de la Societé de législation comparée*, 1870, págs. 30-53; y el *Annuaire de Législation étrangère*, 1873, págs. 208 y sigs.

[32] En el *Annuaire*, loc. cit.

a la persona misma (puesto que la prisión por deudas ya no existe), sino al conjunto del patrimonio. Ahora bien, ¿no podría yo convenir, cuando me obligo con otro, en que el crédito de éste afectaría, no a todo mi patrimonio, sino a tal o cual fundo de mi propiedad? En este caso, la deuda seguiría a la finca aunque pasara a manos de sucesores particulares, de igual modo que la deuda personal sigue al patrimonio cuando pasa a sucesores universales. En una palabra, la deuda gravaría, no un patrimonio, sino un fundo; sería, no personal, sino territorial... El acreedor hipotecario tiene dos derechos: su crédito personal y su derecho real de hipoteca siendo aquí el derecho real el accesorio del derecho personal; mientras que, por el contrario, la *deuda territorial* no es accesoria de una personal; existe *per se,* próximamente como nuestra antigua *rente foncière* (censo reservativo), de la cual difiere tan sólo en que es reembolsable y exigible mientras que ésta no lo era. Es verdad que las más veces la *deuda territorial* se constituirá con motivo de una obligación personal existente entre el que la constituya y el que la adquiere; pero aun en este caso diferirá de la hipoteca en que, en vez de ser lo accesorio de la obligación personal, será por completo independiente de ella; no será viciada por los vicios de la obligación personal, ni se extinguirá a consecuencia de la extinción de ésta; sino que siendo exclusivamente *territorial,* derivará toda su fuerza de la inscripción en los libros del registro, y durará todo el tiempo que dure la inscripción; constituirá, por tanto, un valor tan cierto como el fundo en que descansa, ofrecerá la seguridad de un inmueble, y será al mismo tiempo tan fácil de transmitir como un efecto de comercio»[33].

Como veremos más adelante[34], y ya queda indicado en otro lugar[35], el régimen hipotecario ha cambiado sustancialmente en todas partes por virtud de la sustitución del sistema romano por el que se asienta más o menos sobre las bases de la publicidad y la especialidad. Caracterizábase aquel por la admisión de hipotecas generales y tácitas al lado de las especiales y públicas, por la posible indeterminación de los créditos y por la validez y eficacia del derecho sin el requisito de la inscripción. Los principios contrarios se han consagrado casi en todas partes por lo que hace a las hipotecas convencionales[36], pero no así respecto de las legales; porque, en primer lugar, subsisten los llamados *privilegios,* en unas partes como institución distinta de la hipoteca, y en otras como verdaderas formas de ésta[37], pero de todos modos constituyendo

---

[33] Por medio de la *grundschuldrief* (cédula territorial), que se negocia como una letra de cambio.

[34] Al examinar el *Registro de la propiedad,* que es el lugar oportuno para el estudio del que impropiamente se denomina *régimen hipotecario* por la doble circunstancia de desempeñar en él la hipoteca un papel principal y de haber sido las exigencias del crédito territorial la causa más importante de la institución del registro.

[35] Tomo 2.º, págs. 200 y sigs., cuyo contenido damos aquí por reproducido.

[36] En Noruega están autorizadas las hipotecas generales por convención, y para hacerlas eficaces, se prohíbe al deudor contraer otras obligaciones que las necesarias para su subsistencia.

[37] La diferencia que establecen el Código Napoleón y otros entre el privilegio y la hipoteca, consiste en que el primero es

una garantía preferente [38] sobre bienes inmuebles, a veces sin que sea necesaria su inscripción en el Registro; y además continúan en ciertos países, como en Francia, determinadas hipotecas legales excluidas de los principios de publicidad y de especialidad. Pero las más de las legislaciones, en medio de las diferencias que las separan por lo que hace al número de las que admiten [39], coinciden en

---

un derecho de preferencia que da el acreedor la *calidad de su crédito* (art. 2095), mientras que la segunda es independiente de esta circunstancia. Por esto, mientras que el valor respectivo y orden consiguiente de los privilegios se determina *ex causa,* el de las hipotecas se determina *ex tempore,* y según la regla: *prior tempore, potior jure;* así como es claro que los privilegios sólo pueden existir por ministerio de la ley.

El Código portugués, en vez de exigir la inscripción de los privilegios, como previene el francés por regla general, hace consistir la diferencia entre aquellos y las hipotecas en que los favorecidos con los primeros tienen un derecho de preferencia «independientemente del registro de sus créditos» (artículo 878), mientras que los acreedores hipotecarios han de tener sus créditos debidamente registrados (art. 888).

En España existían por derecho común, antes de la publicación de la ley Hipotecaria, numerosas hipotecas legales tácitas (por razón de la calidad de las personas, por causa del interés común o del Estado, por el beneficio notable hecho por el acreedor al deudor y por la presunta voluntad de éste), que aparecen en las legislaciones de otros países con el nombre de privilegios.

[38] Según el Código Napoleón (art. 2095) son preferidos estos acreedores hasta a los hipotecarios. Según el de Holanda (art. 1180) al contrario, salvo los casos en que la ley determina expresamente otra cosa.

[39] En Francia, en favor de la mujer casada, de los menores e incapacitados, del Estado, de los municipios y de los establecimientos públicos (art. 2121). En Italia, el vendedor de un inmueble y los coherederos, socios y demás copartícipes

someterlas todas a esas bases esenciales de un buen régimen hipotecario.

En cuanto a las hipotecas judiciales, en todas partes están sometidas a la condición de la publi-

---

en los casos que se determinan, el menor o incapacitado, la mujer casada y el Estado, pero éste para cobrar las costas judiciales en materia criminal, correccional y de policía (artículo 1969). En Portugal, la Hacienda nacional, los ayuntamientos y los establecimientos públicos; los menores, ausentes e incapacitados; la mujer casada, el cónyuge supérstite, el acreedor por alimentos, los establecimientos de crédito territorial, los coherederos y los legatarios (art. 906). En España, en favor de la mujer casada, de los hijos, de los menores e incapacitados, del Estado, de las provincias y de los pueblos y de los aseguradores (art. 168 de la ley Hipotecaria). En Alemania, dice Lehr (§ 109), «de un golpe se han suprimido los privilegios sobre los inmuebles, cualesquiera que fueren su valor y su objeto, las hipotecas legales y las consentidas por mera convención». En Zurich (arts. 896-900), se reconocen privilegios en favor de los menores y de la mujer casada respecto de toda la fortuna de tutores y maridos. En Friburgo (artículo 652) existen siete hipotecas legales: en favor del que ha consentido la redención de un derecho real, del expropiado por causa de utilidad pública, del que ha concedido el establecimiento de una servidumbre legal, del copropietario de una pared medianera, del derecho refaccionario y de la Administración de policía cuando ha tenido que hacer reparaciones por motivo de seguridad pública.

Análogas disposiciones se encuentran en el Código de Valais (art. 1885). En Polonia, la ley de 1825 la reconoce en favor de la mujer casada, los menores, el Tesoro, ciudades y establecimientos públicos. El Código de las provincias bálticas (arts. 1391-1410) reconoce la hipoteca *general* en favor del Estado y los munipios, hijos y menores, maridos y mujeres y la Iglesia; y *especial,* en favor del dueño de un predio arrendado, el vendedor, el acreedor refaccionario, menores o incapacitados en ciertos casos, y de los legatarios.

cidad y en las más al principio de especialidad también. En algunas con buen acuerdo han sido sustituidas por las *anotaciones preventivas* o *prenotaciones,* encaminadas a asegurar un derecho preexistente, aunque controvertido, y a evitar que se eluda el cumplimiento de las sentencias que dicten los tribunales. «Constituidas solamente para asegurar las consecuencias de un juicio, no declaran ningún derecho, ni menos convierten *en real* el que no tenía antes semejante carácter: no puede decirse de ellas que son el premio de la carrera, como en otra nación se ha dicho, asimilando el empeño de los acreedores para anticiparse a obtener la anotación al afán con que se disputa la llegada al término en las carreras de caballos: no son un favor inmerecido que se da al acreedor más exigente: no modifican el carácter de las obligaciones, cambiando las simples en hipotecarias, ni hacen al Juez agente de los litigantes, compeliéndolo a que supla la negligencia del acreedor y le otorgue garantías que tal vez el

---

En Suecia no ha habido nunca hipotecas generales ni dispensadas de la inscripción, así que la prescripción del art. 11 de la ley de 1875, según la cual «ninguna inscripción de crédito puede autorizarse como no sea por cantidad determinada en metálico o en especie» se encontraba ya en el Código de 1734. Pero, en cambio, la hipoteca legal se había desarrollado de un modo extraordinario, como que la ley la concedía a todo acreedor. La ley nueva (art. 2.º) sólo la autoriza en tres casos: cuando un inmueble se vende a plazos, cuando un propietario es obligado a dar garantías en favor de un menor de quien es tutor y cuando por sentencia ejecutoriaa, en juicio criminal, ha sido condenado a la indemnización de daños y perjuicios. (Véase *Annuaire* de 1876, pág. 815.)

deudor mismo al tiempo de obligarse no habría constituido.»[40]

Prescindimos de entrar en pormenores, porque dada la importancia que hoy alcanza la materia, el hacerlo exigiría un espacio incompatible con la índole y fin de este libro [41].

D. REGISTRO DE LA PROPIEDAD *

> TIPOS OPUESTOS RESPECTO DE ESTA INSTITUCIÓN: PRUSIA Y SUECIA.—CARÁCTER INTERMEDIO DE LA MISMA EN OTROS PUEBLOS EUROPEOS.—DIFERENCIAS EN CUANTO A VARIOS PARTICULARES.—JUICIO DEL ESTADO ACTUAL DE LA LEGISLACIÓN EN ESTA MATERIA.

Libros en que se hagan constar, en todo o en parte, los actos que influyen en la condición jurídica de la propiedad, no hay hoy en Europa [42] país que no los tenga, pero incurriría en grave error quien pensara que en esta materia regía un sistema uniforme y que eran universalmente admitidos los principios que se estiman al presente bases esen-

---

[40] Exposición de motivos de la ley Hipotecaria de España.

[41] Véase además lo dicho en el tomo 2.º, *loc. cit.*, y en este, más adelante, el capítulo referente al *Registro de la propiedad*.

* *Ensayo sobre la historia del derecho de propiedad y su estado actual en Europa*, III, 1883, Capítulo XXI, págs. 231-248.

[42] Es de notar que el Código argentino, uno de los más notables de América, no sólo omite el Registro de la propiedad, sino que su ilustrado autor trata de demostrar en una nota que no conviene allí su establecimiento.

ciales de un buen *régimen hipotecario* [43]. Las legislaciones europeas oscilan entre dos extremos, según que exigen la inscripción de todos los actos que interesan a la propiedad, consideran aquella como un verdadero *modo* de adquirir, y le dan un valor absoluto y aplican en todo su rigor los principios de publicidad y especialidad, o que dejan en vigor las doctrinas antiguas, estiman el registro sólo como un medio de prueba relativo y excluyen del mismo ciertos derechos dejando así de reflejar el estado jurídico de los bienes inmuebles. Luego, entre estos dos tipos se colocan aquellas otras legislaciones que admiten el principio nuevo en cuanto al *tercero* y dejan subsistente el antiguo en cuanto a los contratantes, o dan a la inscripción un valor absoluto unas veces y relativo otras, por donde ni aquella ha sustituido a los tradicionales modos de adquirir, ni tampoco valen estos por sí y sin ella.

Prusia es el país que más se acerca al primer tipo, y casi coincidiría con lo que se puede considerar como ideal en esa dirección, si las cuatro leyes de 5 de mayo de 1872, que constituyen su actual régimen hipotecario, hubieran consagrado todos los principios consignados en el primitivo proyecto de 28 de noviembre de 1868, según el cual lo que consta en los libros merecería una fe absoluta e inatacable: «es propietario el que aparezca como tal en el Registro.» La transmisión de los

---

[43] Ya dijimos en otro lugar (tomo 2.º, pág. 299) por qué, aun cuando la denominación generalmente usada es la de *régimen hipotecario,* nos parece más propia la de *registro de la propiedad.*

bienes inmuebles se verifica en Prusia por virtud de la *Auflassung*, esto es, de la investidura que confiere el Juez-Registrador al propio tiempo que practica la inscripción, constituyendo ambas cosas un acto indiviso [44] y el único eficaz para efectuar la enajenación [45], porque el convenio sólo produce un

---

[44] La primera de las cuatro leyes, *sobre la adquisición de la propiedad inmueble y sobre los derechos reales inmobiliarios*, dice en su art. 1.º: «en caso de enajenación voluntaria, la propiedad de un inmueble no se adquiere sino por virtud de una inscripción en el *libro territorial*, hecha a seguida de un acto de investidura (*Auflassung*):» y en el 2.º: «la investidura se lleva a cabo mediante la siguiente doble declaración: 1.º, el propietario actual según el Registro declara que consiente en que se haga la inscripción en favor del nuevo adquirente; 2.º, éste declara que reclama la inscripción. Ambas declaraciones se harán simultáneamente y en alta voz ante el Juez-Registrador competente». Resulta así una especie de enajenación consentida ante los tribunales, una *cessio in jure*. «La investidura, se dice en el preámbulo, y la inscripción que la sigue, son dos operaciones inseparables, y constituyen en su conjunto un solo acto jurídico, que produce la trasmisión de la propiedad, como lo hacía en otro tiempo la tradición. En la investidura, las dos partes expresan solemnemente su voluntad recíproca de enajenar y de adquirir; en la inscripción el Juez consagra y da validez al consentimiento de las partes. Una investidura sin inscripción o una inscripción sin investidura serían impotentes para transferir la propiedad.»

[45] Cuando ésta es voluntaria, porque el art. 5.º dice «fuera del caso de enajenación voluntaria, la propiedad inmueble continuará adquiriéndose como antes;» esto es, cuando se adquiera por herencia, legado, comunidad legal entre cónyuges, expropiación forzosa, etc. Sin embargo, cualquiera que sea el modo de adquisición, el adquirente no podrá consentir una investidura ni constituir un derecho real sobre un inmueble, si no ha inscrito antes su derecho en el libro territorial. Es decir, que en estos casos la inscripción no es un modo de adquirir, ni tiene otro valor que el que alcanza, por ejemplo, en

derecho a pedir el registro. El conocimiento que tenga el adquirente de un título anterior por el que se haya obligado el enajenante a trasferir la cosa a un tercero, no será obstáculo a que se verifique la adquisición (art. 4.º)[46]. La prescripción adquisitiva no tiene lugar en contra del propietario que tiene inscrito su derecho (art. 6.º). Al que por ser *acreedor* de un inmueble, tiene derecho a obtener la investidura o la inscripción, le es dado mantenerlo por medio de una *prenotación* en el libro territorial[47]. Puede pedirse la nulidad de cualquiera inscripción de propiedad conforme a las reglas de derecho civil; pero si aquélla se declara, la anulación no perjudicará a los terceros que, fiados en la inscripción, hubiesen adquirido derechos sobre el inmueble *a título oneroso* y *de buena fe*[48]. La

---

Francia o España. Sólo los coherederos pueden, antes de la partición, trasmitir los bienes sin inscribir previamente su derecho.

[46] Salvo el caso de que se haya hecho constar la promesa de enajenar en el Registro por medio de una *prenotación*, con arreglo al art. 8.º.

[47] Art. 8.º. Como observa M. GIDE, teniendo el comprador de un inmueble, mientras no haya recibido la investidura, tan sólo un simple derecho de crédito, éste no puede inscribirse, porque no es *real*, pero sí ser objeto de una *prenotación*, es decir, de una *reserva de inscripción en el porvenir*. Por virtud de esta prenotación, que no exige el consentimiento del deudor, el derecho del acreedor se hace público, puede oponerse a tercero y adquiere cierta especie de *realidad*. Viene a ser este sistema como un término intermedio entre la doctrina romana, según la cual el pacto de enajenar sólo produce efecto entre las partes, y la francesa que estima la simple convención como un acto traslativo de la propiedad.

[48] Art. 9.º. Las últimas palabras: *a título oneroso* y *de buena fe*, no estaban en el primitivo proyecto de 1868, el cual,

demanda de nulidad procede también por algún vicio del título que ha dado lugar a la investidura, pero los de forma quedan salvados por la inscripción [49]. Las restricciones [50] del derecho de enajenar sólo producen efecto contra tercero, si se ha hecho mención de ellas en los libros territoriales, o si los terceros han tenido conocimiento de las mismas [51]. Los derechos reales, por lo general, tampoco perjudican a tercero si no se inscriben [52]. El Registrador

---

según hemos dicho, daba un valor absoluto a la inscripción. En el preámbulo del de 1871 se justifica esta adición del modo siguiente: «Una inscripción *falsa*, y que resulta de una falta del registrador, no puede conferir la propiedad: la persona que de este modo haya inscrito su derecho es un propietario *falso*. Cierto que el interés público exige que esta inscripción haga fe, y por consiguiente que los derechos concedidos por este propietario sean inatacables; pero esta fe debida a la inscripción no puede invocarla el mismo que conoce la falsedad.» Repárese que, según queda dicho, el art. 4.º no exige la buena fe, puesto que no es obstáculo para la adquisición de un inmueble el que tenga conocimiento el adquirente de un título anterior por el que se haya obligado el enajenante a transferir aquel a un tercero, porque en este caso la enajenación la consiente el *verdadero* propietario en perjuicio de quien no tiene sino un derecho personal, mientras que en el del art. 9.º la consiente un propietario falso lo supuesto.

[49] Art. 10. Esta disposición tampoco se hallaba en el proyecto de 1868.

[50] Estas restricciones de que habla el art. 11 son, no los derechos reales, sino algunas de las que limitan el derecho de enajenar, como las condiciones resolutorias, el pacto de retroventa, etc., o las que proceden de la condición del propietario cuando es menor, pródigo, etc.

[51] Estas últimas palabras tampoco se hallan en los proyectos anteriores.

[52] El proyecto primitivo decía: *no nacen*. Como está redactado el artículo, la inscripción es necesaria para oponer el

o Juez-conservador está obligado a examinar la validez, en el fondo y en la forma, del acto de la investidura y del consentimiento necesario para hacer la inscripción; pero los vicios del título que ha servido de fundamento no le autorizan para denegar la inscripción [53]. Los Registradores son responsables de las faltas en que incurran en el ejercicio de sus funciones, y en caso de insolvencia responde el Estado [54]. Toda inscripción de propiedad deberá notificarse, bien al propietario que ha inscrito precedentemente su derecho y a las demás personas que tengan sobre el inmueble derechos reales inscritos, bien a la administración del catastro [55].

---

derecho a tercero, no para crearlo, por donde aquélla vale como en el sistema de otros países.

[53] Art. 46 de la ley sobre los libros territoriales. El 48 ordena que el Registrador examine si hay algo que se oponga a la investidura; esto es, si el enajenante es propietario según los libros, si tiene capacidad de enajenar, si es susceptible el inmueble de ser enajenado, y si el adquirente tiene capacidad de adquirir.

[54] Art. 29. He aquí la razón aducida por la Cámara de Señores en apoyo de esta responsabilidad subsidiaria del Estado: «La ley hace depender el derecho de propiedad de la inscripción, poniendo así en cierto modo la fortuna de los particulares en manos de los Registradores; y es por lo mismo justo que en compensación garantice plenamente al propietario contra las faltas que aquéllos puedan cometer. Esta garantía, provechosa para el crédito territorial, no será onerosa para el Estado, que podrá hacer pesar esta carga sobre los propietarios, aumentando un poco la tarifa de los derechos de inscripción. Resultará así una especie de seguro mutuo entre todos aquéllos contra los errores posibles de los libros territoriales.

[55] Art. 57.

Suecia es un ejemplo del segundo tipo. Cualquiera que examine someramente las *diez* leyes hipotecarias promulgadas en 1875 [56], pensaría que había allí un régimen perfecto y completo, y sin embargo, puede decirse que en realidad de verdad no existe en aquel país lo que hoy se estima como un verdadero Registro de la propiedad. De antiguo venía siendo necesario un acto público para hacer válida la trasmisión de los inmuebles contra tercero, y esto mismo se consigna en la nueva legislación, según la cual aquélla se lleva a cabo por medio del *lag fart aa faang,* especie de investidura legal o procedimiento para entrar en posesión de la finca adquirida, que se confiere por los Tribunales y que se hace constar en libros destinados a este fin. Pero después de hacer obligatoria esta investidura y de dar la preferencia a la anterior sobre la posterior, todo viene al suelo con la declaración de que *la investidura concedida no empece el ejercicio de la acción reivindicatoria* [57]. Y como por añadidura en Suecia no se reconocía la *prescripción adquisitiva,* resulta que falta lo que constituye la esencia del Registro de la propiedad, como han observado algunos jurisconsultos suecos que han pedido con insistencia la reforma en el sentido de sustituir los actuales libros, que no son otra cosa que un índice de actos del tribunal, con verdaderos *libros territoriales,* al modo de los que se llevan en Alemania, Dinamarca y Noruega.

Estas reclamaciones han sido satisfechas en parte por dos leyes recientes, de 22 de abril de

---

[56] Véase el *Annuaire de législation étrangère* de 1876.
[57] Arts. 3, 12 y 15 de la primera de esas diez leyes.

1881. La primera declara que «cuando una persona ha adquirido de buena fe un inmueble, y, después de haber obtenido la investidura, la ha poseído en concepto de propietario y sin interrupción durante veinte años, no se dará acción alguna, fundada en un derecho anterior, contra la prescripción». Por la segunda se autoriza a los tribunales para conceder la investidura, cuando no se puede justificar la propiedad, acudiendo al medio de los edictos. Al cabo de diez años, a contar desde el último, si nadie ha intentado la reivindicación, y el interesado figura como propietario en las oficinas de hacienda, se le concede la investidura [58].

Entre estos dos tipos pueden colocarse los demás países europeos.

En Francia, el sistema, por todo extremo deficiente, del Código Napoleón, ha sido completado por la ley de 23 de marzo de 1855 y la de 21 de mayo de 1858. Según aquélla es precisa la inscripción de todo acto *inter vivos* traslativo de la propiedad o de derechos reales susceptibles de ser hipotecados, y los referentes a la anticresis, servidumbres, usufructo, etcétera, pudiendo oponerse a tercero sólo los títulos inscritos. Pero, aparte de las hipotecas legales ocultas en favor de los menores y de las mujeres casadas, queda en pie el principio de que, entre las partes, por la convención se trasmite sin más la propiedad del inmueble. La ins-

---

[58] Véase el *Annuaire* de 1882. Sirva de rectificación lo dicho en el texto a lo expuesto en la pág. 43 sobre la prescripción en Suecia, escrito y corregido cuando no había llegado aún a nuestras manos la ley de 1881.

cripción no convalida en modo alguno el acto nulo. Italia tiene un régimen basado con más rigor sobre los principios de publicidad y especialidad, y por lo que ampara el derecho del tercero, ha dado lugar a que un jurisconsulto italiano apellidara al legislador *terzomano* [59]. En Portugal, los títulos no inscritos pueden invocarse en juicio entre las partes o sus herederos o representantes; pero en cuanto a tercero no produce efecto sino desde que han sido registrados, y la prioridad de las inscripciones se determina por la fecha en que han sido hechas [60]. En España, los títulos no inscritos no perjudican a tercero [61], y los inscritos no surten efecto, en cuanto a éste, sino desde la fecha de la inscripción; ésta no convalida los actos o contratos que sean nulos con arreglo a la leyes [62]; pero, eso no obstante, los que se ejecuten u otorguen por persona que en el Registro aparezca con derecho para ello, una vez inscritos, no se invalidarán, en cuanto a tercero, los que con ella se hubieren celebrado por título oneroso, aunque después se anule o resuelva el derecho del otorgante en virtud

---

[59] Véase en el Código civil los arts. 1932 y sigs.; el 2066 y el 1942, y la *obv. cit.*, de Huc, § 11.

[60] Arts. 951 y 956.

[61] Art. 23 de la ley Hipotecaria, adicionado cuando se reformó aquélla por la de 19 de diciembre de 1869 con este párrafo: «la inscripción de los bienes inmuebles y derechos reales adquiridos por herencia o legado, no perjudicará a tercero, si no hubiesen trascurrido cinco años desde la fecha de la misma». Y luego por la ley de 17 de julio de 1877 se dispuso esta otra adición: «exceptúanse los casos de herencia testada o intestada, mejora o legado, cuando recaiga en herederos necesarios».

[62] Art. 33 de la ley Hipotecaria.

del título anterior no inscrito, o de causas que no resulten claramente del mismo Registro, o si la inscripción se hubiere notificado o hecho saber a las personas que en los veinte años anteriores hayan poseído, según el Registro, los mismos bienes, y no hubieren reclamado contra ella en el término de treinta días [63].

---

[63] Art. 34. El último párrafo, referente a la notificación, se adicionó por la ley reformadora de 1869, y lo modificó, limitando la excepción a los que hubiesen adquirido por título oneroso, la de 17 de julio de 1877. En cuanto a la novedad introducida en 1869, decía el Sr. CÁRDENAS que la liberación introducida en el art. 34 estaba en pugna con el sistema de publicidad adoptado por la ley «Si todo derecho real, para ser efectivo contra tercero ha de constar en el Registro, ¿para qué notificar y anunciar su constitución cada vez que se trasmite o modifica? Y si el derecho real no ha de ser efectivo contra tercero, sino cuando se haga saber por la notificación y el edicto, ¿qué vale su inscripción, ni para qué los requisitos y solemnidades con que se verifica...? Y no dudó (la Comisión de Códigos) en preferir como sistema permanente, la publicidad del Registro a la de la liberación, porque si la primera envuelve hasta cierto punto una ficción legal, la de que todos pueden enterarse de los asientos del Registro, la segunda se apoya también en otra ficción de la misma especie, la de que todos pueden leer los edictos que se fijan en la Casa Consistorial, o se insertan en el *Boletín* de la provincia, aunque se hallen ausentes a mucha distancia, y sin tiempo material para ejercitar su derecho... Con la adición hecha al art. 34, lo transitorio se convierte en permanente; las causas de resolución de los derechos inscritos, se multiplican de un modo indeterminado, y del sistema alemán de publicidad previa y efectiva, pasamos al sistema francés, mixto de publicidad, con efectos limitados y sin eficacia verdadera; a menos de completarla con un procedimiento especial, dilatorio, costoso y que repugnarían de seguro los propietarios». Véase en los *Comentarios a la legislación hipotecaria de España y Ultramar* de los sres. GALINDO y ESCOSURA, los referentes a los artículos 23, 33 y 34.

En Inglaterra, después de numerosas tentativas fracasadas durante veinte años, se publicaron en 1869 dos estatutos que iniciaron en aquel país el establecimiento del Registro de la propiedad [64], y en 13 de agosto de 1879 se dictó otro más importante «para simplificar los títulos y facilitar la trasmisión de la propiedad territorial en Inglaterra» [65]. Según éste la inscripción es facultativa, y sólo se registran el pleno dominio sobre inmuebles (*freehold*) y el arrendamiento (*leasehold*) de los mismos. De la inscripción puede resultar que el propietario lo sea con un título *absoluto, posesorio o calificado*. Para obtener el primero, que implica el reconocimiento de todos los derechos y prerrogati-

---

Consecuencia de esta innovación son los artículos 97 y 99. Según el primero, «la cancelación de las inscripciones o anotaciones preventivas sólo extingue, en cuanto a tercero, los derechos inscritos a que afecte, si el título en virtud del cual se ha verificado es falso o nulo, o se ha hecho a los que puedan reclamar la nulidad o falsedad, la notificación que prescribe el art. 34, sin haberse formalizado tal reclamación, y no contiene el asiento vicio exterior de nulidad de los expresados en el artículo siguiente». Según el segundo, «podrá declararse la cancelación con perjuicio de tercero, fuera del caso de haberse hecho la notificación del art. 34: 1.º, cuando se declare falso, nulo o ineficaz el título en cuya virtud se hubiese hecho; 2.º, cuando se haya verificado por error o fraude; 3.º, cuando lo haya ordenado un Juez o Tribunal incompetente».

[64] Estatutos «para facilitar la prueba de la propiedad y su trasmisión» (25 y 26, Vict. c. 53) y «para obtener una declaración sobre el título de propiedad» (25 y 26, Vict. c. 67).

[65] 38 y 39, Vict. c. 87. *An Act to simplify Titles and facilitate the Transfert of Land in England.* Véase el *Annuaire* etcétera, de 1876.

vas del dominio, el título ha de ser examinado y aprobado por el Registrador, no siendo posible invocar contra el que lo tiene la prescripción. El segundo deja en pie la posibilidad del reconocimiento de otro derecho que destruya el del primer propietario así inscrito. Y el tercero tiene lugar cuando se solicita la inscripción con carácter absoluto, y resultando que el título no puede ser admitido sino por un período limitado, o bien que está sujeto a ciertas reservas, el Registrador hace constar los límites del derecho. Cuando se expide una certificación (*land certificate*), se hace constar en ella si el título del propietario es absoluto, posesorio o calificado. El arrendamiento se inscribe cuando es por más de veintiún años o por una o más vidas. Salvo mención en contrario, las cargas inscritas se colocarán por el orden de su inscripción, y no por el de las fechas de los contratos en que se hayan establecido. La trasmisión de la propiedad se verifica inscribiendo el acto de la enajenación en el Registro. El que tenga algún derecho que hacer valer contra un propietario que ha inscrito el suyo, puede entablar la correspondiente reclamación ante el Registrador, por cuyo medio, parecido al de una *anotación preventiva,* ya no puede aquél ceder sus bienes con daño del otro. Cuando al Registrador ocurra duda sobre un punto de hecho o de derecho referente al título cuya inscripción se pide, puede, a instancia del interesado, elevarlo a la resolución del Tribunal, el cual está facultado para someter la cuestión de hecho al jurado. «La inscripción de un acto de trasmisión de la propiedad inmueble o de un derecho real a título oneroso, no convalida los que, caso de no registrarse, serían nulos por causa de dolo» (art. 98). Finalmente, sólo los que aparecen en el Registro como dueños, sus mandatarios y los que tengan autorización de los Tribunales pueden consultar los libros y pedir certificación de lo que en ellos resulta [66].

En Rusia, se ha publicado el 19 de mayo de 1881 un decreto del Emperador sentando «los *principios generales* referentes a la constitución del derecho de propiedad y demás derechos reales», calcado en el sistema prusiano de la ley de 1872. Según él, el registrador, que forma parte del orden judicial, está facultado para calificar el derecho del que solicita el registro; depende el derecho de propiedad de la inscripción en los libros; la hipoteca es independiente del crédito y puede constituirla el dueño del fundo a su nombre para trasmitirla luego. Es de notar la facultad que se confiere al propietario de renunciar al derecho de enajenar y gravar, solicitando el *cierre* del registro, hecho lo cual, se le expide un certificado, que es el que transfiere a la persona a quien se enajena o hipoteca el inmueble, para que lo presenta en el Registro a fin de que se inscriba el derecho adquirido sin otro requisito [67].

Casi todas las legislaciones exigen la inscripción del título, pero únicamente para poderlo oponer a

---

[66] Artículos 2, 5-11, 21, 29-32, 53, 74, 98, 104 y 129. Véase además, en el *Annuaire* de 1882, *The conveyancing and law of property act* de 1881, dictada para Inglaterra e Irlanda, que empezó a regir el 31 de diciembre del mismo año.

[67] Véase en el *Annuaire* de 1882, y las interesantes observaciones que le preceden del Conde Kapnist sobre la historia de esta cuestión en Rusia.

tercero, dejando en pie, respecto de los contrayentes, el principio de la tradición o el de que basta el contrato para la trasmisión, resultando así que sólo en parte puede decirse que se ha creado un nuevo modo de adquirir en sustitución de los antiguos [68]. La inscripción, o se impone por el legislador, ya en todo caso, ya en algunos, o se deja a la voluntad de los interesados, pero aun entonces resulta forzosa por las consecuencias que produce el no hacerla, como sucede en España. En cuanto al valor de aquélla, hay pueblos que le atribuyen uno tan absoluto e irrevocable, dice Lehr, «que hasta la inscripción hecha por error a instancia de uno que no sea propietario o de una persona que carezca de capacidad para enajenar, produce sin embargo el efecto de transferir la propiedad» [69]; pero los más no llegan a atribuir al Registro una virtud *curativa* tan extraordinaria, aunque sí la bastante para que la institución cumpla su fin [70]. En todas partes, al lado de la inscripción de los derechos indubitables, para garantizar otros más o menos dudosos, se establece la anotación preventiva, prenotación o registro provisional. Quedan, según hemos visto en su lugar, todavía *privilegios* e hipotecas *legales* que surten efecto sin la inscripción, aunque la tendencia gene-

---

[69] Véase lo dicho más arriba, cap. 8.º, § 1.º.

[69] *Droit civil germanique*, § 67.

[70] Según el artículo 34 del capítulo 17 del Código del czar Alejo Mikhailovitch de 1649, el segundo adquirente, que ha inscrito su derecho, es preferido al anterior que no lo ha registrado, y se ordena que el ejecutante, que ha hecho el fraude, sea públicamente *azotado* para que los demás no caigan en la tentación de seguir su ejemplo.

ral es a reducir aquéllos, suprimir éstas y someterlo todo a los principios de publicidad y de especialidad. También hay diferencias: en cuanto al número y naturaleza de los documentos, actos o derechos inscribibles [71], siendo de notar la generalidad con que se incluye en ellos el arrendamiento cuando es por cierto número de años o se anticipan las rentas de varios de ellos [72]; en cuanto al modo de llevar los libros, clases de estos y forma de hacer la inscripción, que es por lo general preferida a la transcripción [73]; en cuanto a la publicidad absoluta o relativa de aquéllos [74], y finalmente, respecto de la naturaleza de la función del Registrador, pues según el valor que se atribuye a los asientos y las facultades que se le confieren para calificar los títulos, así es un mero tenedor de libros o un funcionario análogo en importancia al Juez o Tribunal [75].

---

[71] Las legislaciones que sujetan mayor número de actos o documentos al Registro son la española (art. 2) y la italiana (artículos 1932, 1933 y 1934).

[72] Véase más arriba el cap. 11, § 5.

[73] La transcripción se exige en Berna, Hannover y Lucerna; en Bélgica, Francia, Holanda e Italia, se transcriben los derechos reales y se inscriben las hipotecas; y todos los demás han adoptado la inscripción.

[74] Es absolutamente público en Francia, Italia y Portugal; sólo para los interesados en España, Alemania e Inglaterra.

[75] En Prusia e Inglaterra tiene este carácter el juez, según hemos visto. En Brunswick, las leyes de 8 de marzo de 1878, calcadas sobre las prusianas de 1872, encomiendan el Registro a los tribunales. En Polonia los documentos inscribibles se someten al examen de la autoridad hipotecaria, es decir, de una comisión compuesta del Presidente y de un juez del tribunal del distrito y del conservador de la cancillería territorial. Véase Lehr, *Droit civil russe*, § 402.

Aunque no cabe decir aún que «la inscripción en el Registro puede, desde hoy, considerarse como la forma moderna de la trasmisión de la propiedad», es, sin embargo, manifiesta la tendencia a conside-

---

En un número del periódico *El Progreso* de febrero de este año aparece un artículo suscrito por un registrador, el Sr. Agulló, y que transcribimos a continuación, ya porque en él se muestra cómo las condiciones del registro determinan la consideración que alcanzan los funcionarios encargados de llevarlo, ya porque resume el carácter de nuestro régimen hipotecario y lo que falta para llegar a lo que para muchos es el ideal en esta materia. Dice así:

«*Los Registradores de la propiedad.*
¿Para qué fueron creados?

Es la primera pregunta que ocurre y no todos se dan exacta respuesta.

Si el Registro de la propiedad no fuera más que un libro en el cual se tomara nota más o menos sucinta (inscripción) de los actos y contratos sobre la propiedad inmueble que directa o indirectamente afecten al dominio, o simple nota de los actos transitorios o defectuosos (anotación), o sólo extracto del contenido de un documento con el cual se extinga un derecho de hipoteca (inscripción de cancelación) o un derecho transitorio (anotación de cancelación), o un registro del cumplimiento de condiciones suspensivas (nota marginal); aunque este Registro se lleve más o menos ordenadamente (por fincas y por pueblos); ciertamente no hubiera merecido llamar la atención de los hombres pensadores, ni exigir que fuera abogado el jefe de la dependencia.

El verdadero carácter de los registros se deduce de los siguientes artículos de la ley hipotecaria.

Art. 24. Los títulos inscritos surtirán su efecto aun contra los acreedores singularmente privilegiados por la legislación común.

Art. 25. Los títulos inscritos no surtirán su efecto, en cuanto a tercero, sino desde la fecha de la inscripción.

Y el verdadero carácter de los Registradores se desprende del siguiente:

rar aquél como el testimonio auténtico, público e indubitable de la condición jurídica de los bienes inmuebles. Hacer que conste en él lo que se ha llamado el *estado civil* de la propiedad, al modo que

---

Art. 63. El Registrador denegará la inscripción del título que contenga alguna falta que produzca la nulidad de la obligación; y suspenderá, tomando en su caso anotación preventiva, la inscripción del documento, cuyo defecto no produzca necesariamente la nulidad de la obligación.

Se considera como falta insubsanable, y por lo tanto se denegará la inscripción, cuando el inmueble o derecho real aparezca inscrito a favor de persona distinta de la que enajene, grave o cancele. Art. 20 de la Ley y del Reglamento.

Dedúcese de estas disposiciones, que el Registrador es un juez que resuelve el derecho a favor de una persona determinada, oyendo:

1.º Al que trasfiere.
2.º Al que adquiere.
3.º A todo el que pueda alegar algún derecho, a cuyo efecto consulta el Registro.

Y el registro es, por consiguiente, la parte contraria al título presentado, el fiscal que representa a los ausentes.

Las consecuencias inmediatas de estas disposiciones, parece, pues, que debieran ser:

1.ª Hacer imposibles los pleitos, o al menos tener la seguridad de que el perturbador ha de ser condenado al pago de las cosas del juicio.

2.ª Tener la seguridad de que el Registrador, mediante el registro, no sólo procederá con imparcialidad al calificar los títulos, sino que decidirá siempre a favor del título primeramente inscrito.

3.ª Que los tribunales decidirán siempre según la resultancia del registro.

Pues esto, que parece lo natural y lógico, no acontece:

1.º Porque el art. 33 de la ley hipotecaria derriba todo el sistema al sentar la regla general de que «la inscripción no convalida los actos o contratos que sean nulos con arreglo a las leyes»;

consta en el catastro el *estado material*, de suerte que para conocerlo baste consultar los libros, es sin duda el ideal. Cierto que la ocasión de esta reforma, obra verdadera del derecho moderno, tiene un origen utilitario, en cuanto se ideó como el único medio de hacer posible el *crédito territorial*, ga-

---

y el Supremo Tribunal de Justicia no ha admitido el principio: «la inscripción es un medio de adquirir», que se deduce del artículo 25 citado.

Ahora bien: si lo que es verdad en el registro no es cierto ante los tribunales; si el título válido según el Registrador no lo es para los jueces; si el interesado no puede creer en la seguridad de la adquisición, por más que esté inscrito su derecho, repetimos, ¿qué son los Registradores? ¿Para qué sirven los Registros? Para nada, una fórmula más, un nuevo empleado y mayores gastos.

Precisa, pues, conservar a los Registros y a los Registradores su verdadero carácter, y el día en que los títulos inscritos surtan aquí, allá y en todas partes efecto aun contra los acreedores singularmente privilegiados, y contra todo demandante, la propiedad territorial aumentará tanto en valor, cuanto representan las contingencias de un pleito y temores consiguientes. Y si a esto se añadiera la movilización de la propiedad, considerándola como la caja de un banquero, por cierto menos segura, y el valor territorial se echará a la plaza mediante obligaciones hipotecarias al portador y previa plena justificación del valor de la finca, y mediante sencillísimo procedimiento de apremio, como acontece con las letras de cambio, el crédito territorial sería lo que debe ser: el *Haber* y el *Debe* que en forma documental circularía en las Bolsas.

Jamás podrá ofrecer un banquero mejores garantías con su papel que el propietario territorial con sus valores movilizados; tan sólo falta quitar a los inmuebles las trabas que les impiden remontarse a la calidad de muebles por el valor que representan. Hágase esta revolución y se tocarán los resultados. Deróguese el artículo 33 de la Ley hipotecaria y admítanse por el legislador los billetes hipotecarios al portador.

rantizando el derecho de los que prestaban sus capitales con la garantía de una hipoteca [76], pero no lo es menos que se funda en razones nacidas de la naturaleza misma del derecho de propiedad y de las condiciones propias de la trasmisión de ésta, según hemos visto en otro lugar [77]. Si «la propiedad es un derecho inmediato y absoluto que vale respecto y contra todos, y que todos están obligados a respetar»; si en esta relación jurídica el sujeto pasivo no es una persona determinada, sino que lo son todas, por donde para que respeten ese derecho se hace preciso que todos puedan conocerlo, es evidente la necesidad del Registro, de esta institución *formal* y de *garantía,* cuyo fin es hacer público el estado de los bienes inmuebles mediante la inscripción de todos los actos por los cuales se crean, modifican o extinguen relaciones jurídicas referentes a los mismos, para que de este modo cada finca tenga su historia y sepa el que quiere adquirirla, constituir un derecho sobre ella o prestar con la garantía de la misma, que sólo puede perjudicarle

---

[76] Así, cuando se discutió en la sesión de 13 de enero de 1870, en la *Societé de la législation comparée,* la exposición hecha por M. Gerardin del proyecto de ley de Prusia, decía M. LABOULAYE: «respecto a la trasmisión de la propiedad inmueble, dos sistemas irreductibles están frente a frente desde hace siglos: el germánico, que hace intervenir a la Nación, que exige formalidades un efecto absoluto; y el romano, que no hace depender la trasmisión de la propiedad de ciertas condiciones de publicidad, y que *se preocupa menos del interés general de los compradores o prestamistas que del interés del propietario actual*».

[77] Véase tomo 1.º, cap. V, § 6; tomo 2.º, cap. XV, § III, 1; y en este cap. 8, § 1.º; cap. 11, § 8.

cuanto en él consta, esto es, que no hay más dueño que el que figura en el Registro como tal, ni el fundo tiene otros gravámenes que los que resultan allí consignados.

Sólo hay una dificultad para que el Registro llegue a ser reflejo fiel del estado jurídico de la propiedad, testimonio auténtico e indubitable de los derechos referentes a la misma, en una palabra, única garantía del adquirente, pero tan eficaz, que nada pueda destruirla; y es la referente a si debe darse a la inscripción un valor absoluto. La solución quizás mejor del problema la ha hallado la legislación prusiana al hacer al Estado responsable subsidiariamente por las faltas del Registrador insolvente, sólo que debería extenderse a todos los casos en que resulte un perjuicio, no imputable al que lo padece, de dar ese valor a los asientos. Si después de tomar todas las precauciones posibles y debidas respecto a las solemnidades de la trasmisión y al modo de hacerla constar en el Registro, todavía se realiza un fraude, de esta impotencia de la ley debe responder el Estado. Sin esto habrá siempre una víctima inocente: o el tercero de buena fe, si se ampara el derecho del propietario; o éste, si se ampara el derecho de aquél. Si sucede lo primero, el fin con que se ha instituido el Registro no se cumple; si lo segundo, se sacrifica la justicia a la conveniencia, a un interés general en verdad, pero al fin un interés [78].

---

[78] Para evitar repeticiones, remitimos al lector a los distintos pasajes indicados en la nota precedente y cuyo contenido es el complemento de lo dicho en este capítulo.

El ideal, en materia de Registro de la propiedad, se ha realizado al parecer, no en Europa, sino en Australia. El señor Costa [79], después de notar las imperfecciones de esta institución en España y en los más de los pueblos de nuestro continente, dice: «Se quiere que las trasmisiones sean casi gratuitas, casi instantáneas, y con garantía absoluta e infalible, a prueba de litigios; que se reduzcan a un solo pago todos los tributos, a un solo acto todas las operaciones, a un solo día todos los términos; que la compra de la tierra no ofrezca mayores dificultades que la adquisición de efectos públicos o el descuento de pagarés; que los títulos de propiedad lleven consigo su propia justificación y puedan servir de garantía para tomar dinero a préstamo sin constituir hipoteca, lo mismo que un objeto mueble, una alhaja, obligaciones de una sociedad, etc.: en una palabra, que esos títulos formen perfecta ecuación con la cosa o derecho cuyo dominio expresan, y sean una representación exacta de su valor, independientemente de toda matriz, de todo protocolo y de todo registro. Este ideal ha sido realizado en parte en Alemania y Polonia por medio de un sistema de obligaciones territoriales constituidas sobre los inmuebles, expedidas por establecimientos de crédito que se han creado bajo los auspicios del Gobierno, y negociables como las acciones de los ferrocarriles, o cualesquiea otros efectos públicos; e íntegramente en Australia, por medio de un sistema original de titulación que vamos a describir.

---

[79] En un artículo publicado en el *Boletín de la Institución libre de enseñanza* del 15 de abril de este año.

Registration of title.—Así se denomina este sistema, imaginado por Sir Roberto Torrens, y vigente desde 1855 en la Australia del Sur (Adelaida). Posteriormente lo han ido adoptando Queensland, Nueva Gales del Sur, Victoria, Tasmania, Australia Occidental, Nueva Zelanda, la Colombia británica, Fiji, (todas las colonias inglesas de la Oceanía) y uno de los Estados Unidos del Norte de América, Iowa. Hay motivos para creer que no tardará en introducirse y generalizarse en Europa. En 1879 se abrió en Inglaterra una información para estudiar el medio de aplicarlo, y sólo encontró oposición por parte de los *sollicitors,* cosa bien natural, puesto que el establecimiento del sistema Torrens viene a hacer inútil esta profesión, como el telégrafo eléctrico a los funcionarios del telégrafo óptico. El Cobden Club ha publicado el año pasado un opúsculo que redactó el mismo Sir Torrens, a fin de mover la opinión y apresurar el día de su establecimiento. (*An essay on the transfer land by registration,* by Sir R. Torrens, 1882.) En Francia lo ha recomendado hace pocos meses el economista Yves Guyot, y en Suiza, Numa Droz. Importa, pues, que principiemos a ocuparnos en Españ de un invento llamado, sin género alguno de duda, a penetrar en día no lejano, en nuestra legislación y en nuestras costumbres. Las condiciones del sistema Torrens son en sustancia las siguientes:

Su carácter voluntario.—El nuevo sistema de registro y del de la antigua legislación coexisten el uno al lado del otro y rigen simultáneamente, siendo libres los propietarios de mantener sus bienes raíces sometidos a este último régimen o de adoptar el de la *registration of title*. Siendo tantas sus ventajas, ya se comprenderá que los propietarios se habrán apresurado a ponerse en condiciones de disfrutarlas. El comprador de un predio, el prestamista hipotecario, principia por exigir la previa sumisión al nuevo sistema. Así es, que en 1878 se habían acogido a él el 98,18 por 100 de las fincas rústicas del Queensland. Al antiguo régimen seguían fieles únicamente aquellas propiedades que habían perseverado sin alteración en poder de sus antiguos dueños, libres de hipotecas, de permutas, de usufructos y de particiones. En la Australia del Sur es rarísimo encontrar una propiedad que no se haya incorporado al nuevo sistema de registro.

Constitución del título.—Cuando un propietario opta por el nuevo sistema, presenta en la oficina del registro sus antiguos títulos, acompañados de un plano de la finca. El registrador examina escrupulosamente todas sus condiciones, la suficiencia del deslinde, la legitimidad de la posesión, las cargas y las servidumbres que pesan sobre ella, etc., etc.; inmediatamente se publican anuncios en los periódicos y se dirigen comunicaciones especiales a los propietarios colindantes. Si se suscita alguna oposición de parte legítima, se suspende el curso del expediente de información hasta que haya sido satisfactoriamente resuelta. Si nadie formula reclamación, el registrador o jefe de la *real property transfer office* admite a registro la finca por el régimen de la *registration of title*. A este efecto, inscribe el título de propiedad, con su plano correspondiente, en un folio especial de cierto registro, en el cual especifica circunstancialmente todas las cargas, servidumbres, hipotecas y arrendamientos a que está sujeta la finca, y entrega al propietario un duplicado exactamente igual a la matriz del registro, sacado de ella algunas veces fotográficamente.

Como se ve, las operaciones preliminares al libramiento del título son semejantes a las que tiene establecidas nuestra legislación hipotecaria para el caso de derechos anteriores a la ley e inscritos en los antiguos libros de las Contadurías de hipotecas, o de derechos no inscritos y que no resultan de documento alguno.

Una vez expedido el título, en lo sucesivo, si la finca se divide en dos o más por efecto de particiones, adjudicación o venta parcial, etc., se anula el título primitivo y se libran en su lugar tantos otros como propiedades independientes han resultado.

Valor y uso de este título.—1.º. Transmisión de la propiedad. Basta para esto que el propietario endose el título a favor del comprador, firmando al pie de una fórmula de trasferencia que va impresa en el dorso, y legalizando las firmas un alcalde u otra autoridad o funcionario público; en esta disposición, se expide el título por el correo al registro central; si no consta en sus libros ninguna reclamación, se le estampa el sello correspondiente y se devuelve por el mismo conducto.—2.º. Préstamos hipotecarios y pignoraticios. Para constituir una hipoteca ordinaria, se procede exactamente del mismo modo que respecto de una enajenación. Pero si el propietario quiere tomar un préstamo con garantía real sin gravar su finca con una hipoteca, entrega su título en calidad de prenda a un Banco de préstamos: dicho se está que el acreedor no corre ningún riesgo, porque mientras conserva en su Caja aquel título, el dueño de él no puede vender ni hipotecar su finca. En la información antes citada de 1879 declaró Sir A. Blyth, que había sido director de un Banco consagrado especialmente a este género de operaciones, que en veinte años no había tropezado con ninguna dificultad. A la entrada del verano, es muy frecuente en nuestro país que los labradores tomen a rédito pequeñas cantidades por uno o dos meses, para sufragar los gastos de recolección de mieses; pero como el sistema vigente no se presta a estas facilidades, o no encuentran lo que necesitan, o lo encuentran en condiciones onerosísimas, equivalentes a una sequía parcial, que merma considerablemente el producto de su cosecha.

Como se ve, la inscripción en la oficina de trasmisiones de la propiedad real es una sola, y ésta, no del acto de adquisición, sino del título original y único que existe, que es precisamente lo que constituye la originalidad del sistema y le da nombre (*registration of title*): los actos de trasmisión, hipoteca, mandamiento, etc., se inscriben por los interesados en el título mismo, el cual lleva consigo, por donde quiera que va, su propio registro de la propiedad. Acaso sospechará alguien que tan extremada sencillez sea incompatible con la complicación de ciertas transacciones; nada de eso: la estadística en 1880 arrojaba ya una cifra de 537.000 operaciones de todo género, hechas por este sistema, muchísimas de ellas de una gran complejidad, y nunca se había tropezado con la más ligera dificultad.

Coste de la titulación.—Hay que distinguir entre la constitución primera del título y las inscripciones posteriores hechas en él. La incorporación de un inmueble al nuevo sistema, y la consiguiente obtención del título, cuesta en la Australia del Sur, según el valor que aquel alcance, de 10 a 100 reales (además de los gastos de anuncios). Una vez obtenido el título, las inscripciones sucesivas de ventas, arrendamientos, hipotecas, etc., vienen a costar unos 50 reales cada una, exceptuando en la Nueva Gales del Sur, donde las trasmisiones entre vivos son del todo gratuitas.

Seguridad de las transacciones.—El que adquiere un inmueble o presta con hipoteca, puede dormir tranquilo: los títulos de propiedad con el sistema Torrens llevan la garantía del Gobierno que responde de toda reclamación que pudiera dirigirse contra ellos. Si una vez expedido un título, resulta que se ha perjudicado a un tercero, el Gobierno le indemniza, pero no le restituye la propiedad. Exceptúase, por supuesto, el caso de que el poseedor haya procedido con dolo. Para prestar esa garantía, el Gobierno percibe en el acto del registro un derecho de seguro que no excede de 2 por 100. Para comprender cómo puede la Administración con una prima tan mínima garantizar los actos celebrados por los particulares y registrados por ella, conviene tener en cuenta la escrupulosidad con que se ejecutan las operaciones preliminares a la primera inscripción, o mejor dicho, al libramiento del título, por consecuencia de lo cual, no se ha dado todavía el caso de que un acto haya sido anulado por los tribunales en Nueva Gales del Sur, y uno solo en Queensland, otro en Nueva Zelanda, dos en la Australia del Sur, etc., según los *Official reports on the working of the system in the colonies*, redactados por los gobernadores de las colonias inglesas, en contestación a la circular de Lord Kimberley de septiembre de 1880, y publicadas por acuerdo de la Cámara de los Comunes en 10 de mayo de 1881.»

E. Un libro sobre el derecho inmobiliario español [*, 80]

Quien quiera que atienda a los caracteres que muestran, de un lado, el llamado derecho público, adjetivo o formal, y de otro, el privado, sustantivo, material o civil, echará de ver que, mientras el primero es en todas sus esferas, aunque en unas más que en otras, un derecho moderno, fruto de la actual civilización, es el segundo manifiestamente histórico y tradicional. En confirmación de ello, basta comparar los Códigos penales vigentes con los Códigos civiles, inspirados aquéllos en una doctrina que rompió con el pasado y la cual está en vías de ser sustituida o rectificada por otra aún más nueva, e inspirados éstos en los principios, ya

---

[*] *Boletín de la Institución Libre de Enseñanza*, tomo XXI, 1897, (Enciclopedia), págs. 342-346 y 381-383, y tomo XXII, 1898, págs. 53-56, 87-94 y 123-128.

[80] *Derecho inmobiliario español. Exposición fundamental sistemática de la Ley Hipotecaria vigente en la Península, islas adyacentes, Canarias, territorios de África, Cuba, Puerto Rico y Filipinas*, por el Dr. D. Bienvenido Oliver y Esteller; tomo I, *Introducción*, 913 páginas.

del derecho romano, ya del germano, ya del canónico, según los países. Y el mismo resultado ofrece la comparación de la filosofía de uno de esos derechos con la del otro; pues mientras la del penal no tiene relación alguna con el positivo de los pasados siglos, la del civil no es apenas otra cosa que una generalización sobre el histórico y tradicional, salvo ésta o aquélla elucubración socialista y la novísima tendencia de ilustres civilistas italianos.

Pero hay algunas excepciones, como no podía menos; porque al fin y al cabo, si el derecho civil condiciona la vida, las transformaciones de ésta por fuerza han de reflejarse más o menos en aquél; y tanto es así, que, en sustancia el *problema social,* que tanto preocupa a todo el mundo, consiste en la falta de armonía entre las nuevas exigencias de la una y el carácter estacionario del otro; necesidad que tratan de satisfacer en parte las llamadas leyes sociales, obreras o del trabajo. Antes, en el primer período de la revolución, por el carácter negativo que tuvo la obra de ésta en el orden civil, como lo revela hasta la combinación gramatical de los términos en que se expresó: *desvinculación, desamortización,* no fue preciso crear un derecho nuevo; bastó suprimir las grandes desviaciones del derecho común producidas en la época feudal y en la de la Monarquía, y someter a aquel la propiedad desvinculada y la desamortizada, restableciendo el propietario *alodial,* oscurecido durante siglos, como observa Kent, o el *poseedor romano,* declarado inmortal por el célebre Herculano.

Mas si por esta circunstancia el derecho de propiedad, como todo el derecho civil, tenía y tiene ese carácter acentuadamente tradicional e histórico, desde el principio surgieron algunas instituciones nuevas, demandadas por nuevas exigencias de la vida social, que no podía hallar condiciones de existencia en el derecho antiguo, y de ahí las excepciones a que nos referíamos y que en nuestro juicio son tan sólo estas dos: la *propiedad intelectual*, comprendiendo en ella la literaria, la artística y la industrial, y el *régimen hipotecario* o *Registro de la propiedad*. Excusado es recordar los motivos de la primera; en cuanto a la segunda, baste notar que fue debida a la necesidad de utilizar, en beneficio de la propiedad inmueble, los prodigiosos resultados que, con relación a la mobiliaria, producía el crédito.

Pues bien, esta importante novedad del derecho moderno es el asunto de la obra del Sr. Oliver, cuyo primer tomo ha visto la luz, y del cual nos proponemos dar noticia a los lectores.

Tiene aquella por objeto exponer de una manera fundamental toda la doctrina contenida en la *Ley Hipotecaria*, bajo un método científico o sistemático, y comprenderá tres partes, cuyos asuntos serán los siguientes: *Naturaleza y efectos de la inscripción*, entendiendo esta palabra en su sentido más amplio, *Derecho hipoteca* y *Organización del Registro de la propiedad*. Pero a ellas precede una *Introducción*, contenida en el tomo publicado que vamos a examinar, y cuyo objeto lo expresan los epígrafes de los tres títulos en que se divide y que son éstos: primero, *Concepto general de la Ley Hipotecaria;* segundo, *Planteamiento de la misma y reformas que ha experimentado hasta el presente;* y tercero, *Plan y método de la obra*.

I

Comienza el Sr. Oliver mostrando la necesidad de determinar el contenido de la *Ley Hipotecaria*, ya que la denominación dada a la misma, sobre no ser rigurosamente científica, es incompleta; pues, como observaba el Sr. Gómez de la Serna, no expresa todo lo que comprende, y por eso decía el Sr. Carramolino que debía llamarse *ley de seguridad de la propiedad y de los demás derechos de las cosas;* y el Sr. Cárdenas, que había resultado una especie de *Código de la propiedad territorial.* En efecto, salta a la vista la impropiedad de tal denominación, aunque sea la usual, y sería preferible llamarla ley del *Registro de la propiedad,* si no fuera que suscita el vocablo la idea de que se trata de una institución puramente formal. El Sr. Oliver pone por epígrafe primero a la obra éste: *Derecho inmobiliario español,* siendo el primero entre nosotros que ha empleado esos términos, en nuestro juicio con buen acuerdo.

Por algo la legislación inglesa y en parte la novísima alemana, distinguen de una manera acentuada entre los tratados respectivos de la propiedad *inmueble* y de la *mueble;* y es que, prescindiendo de la peculiaridad británica, por virtud de la cual la sucesión hereditaria se rige por distintos principios, según que se trate de bienes *reales* o de bienes *personales,* lo cierto es que hay materias exclusivas de una u otra forma de propiedad y luego, respecto de las comunes, diferencias esenciales, como acontece en lo relativo a los modos de adquirir (ocupación, accesión, usucapión), posesión, registro, prenda e hipoteca, etc.

Pero el Sr. Oliver, dando muestras desde el principio de cualidades que no le abandonan en todo el libro, para determinar de un modo auténtico el concepto fundamental de la *Ley Hipotecaria,* no acude a vagas generalidades, sino que se remonta al pensamiento mismo del legislador, para penetrar en su interior y descubrir el verdadero propósito que presidió a la idea de aquella desde sus comienzos hasta que recibió la sanción de los Poderes públicos, a cuyo efecto examina estos tres períodos: preparación, formación y redacción de la *Ley Hipotecaria.*

El Real decreto de 8 de agosto de 1855 ordenó la formación de una ley especial sobre hipotecas, considerándola «indispensable para dar *certidumbre al dominio* y a los *demás derechos en la cosa,* para poner límites a la mala fe y para libertar al propietario del yugo de usureros despiadados»; en cuya virtud se ordenó a la Comisión de Códigos que formulase un proyecto de *ley de hipotecas o de aseguración de la propiedad territorial.* Dos debían de ser los objetos de la misma: la trasmisión de la propiedad inmueble y de los derechos de la cosa mediante formalidades externas, y el derecho de hipoteca sobre las bases de la publicidad y de la especialidad. Pero antes de examinar cómo desempeñó su cometido la Comisión de Códigos, preciso es, según el Sr. Oliver, estudiar los trabajos legislativos patrios sobre la materia y las leyes extranjeras, ya que el Gobierno recomendó se tuvieran en cuenta así éstas como aquéllos.

Son los primeros: el proyecto del Código civil de 1836, las bases del mismo aprobadas en 1843, el anteproyecto de los títulos de la hipoteca y del registro público, redactado por Luzuriaga en 1848, los informes de los Tribunales sobre el mismo, y el proyecto de Código civil de 1851. Estudio prolijo y concienzudo es el que hace el Sr. Oliver de todos estos precedentes, algunos de los cuales eran para muchos desconocidos. En 1836 y en 1843 triunfó el sistema hipotecario alemán entre nuestros juristas y codificadores; pero refiriendo lo propuesto por el ilustre D. Claudio Antón de Luzuriaga en la sesión de la Comisión de 25 de Octubre del segundo de esos dos años, con razón dice el Sr. Oliver que «admira, ciertamente, que un jurisconsulto español hace medio siglo, es decir, cuando tan poco extendidos se hallaban dentro y fuera de España los estudios sobre esta parte moderna de la ciencia jurídica, se decidiese a llevar al terreno práctico de la codificación civil una reforma que, aun en los tiempos actuales, es poco comprendida, y desde luego es calificada por muchas personas doctas de utópica y hasta peligrosa.»

Porque al decir del Sr. Luzuriaga que creía conveniente entrar en la cuestión de si debería exigirse la inscripción en el registro público de *todo* título constitutivo o traslativo de dominio, tanto universal como particular, sin cuyo requisito *no pudiera producir ningún derecho, ni por consiguiente tener efecto alguno,* lo que con eso se proponía era introducir en nuestra legislación un principio radicalmente innovador, que contradecía todo nuestro derecho tradicional y que pocas legislaciones extranjeras habían adoptado hasta entonces; como que el primer Estado que después de Austria adoptó de una manera clara y explícita la reforma propuesta por Luzuriaga, fue Sajonia, en su célebre *Ley Hipotecaria*, sancionada precisamente el 6 de noviembre de 1843. Y triunfó en la Comisión la idea de Luzuriaga, y con ella «la admisión en España, no sólo del régimen hipotecario propiamente dicho, sino el régimen inmobiliario, o sea el que se inspira en el principio fundamental de que la constitución y trasmisión del dominio y de los demás derechos reales debe depender de la formalidad externa de la publicidad de estos mismos actos por medio del registro, sin hacer distinción alguna entre las partes contratantes y terceros adquirentes. La idea de limitar los efectos de la publicidad a los terceros no surgió hasta mucho tiempo después».

El anteproyecto de Luzuriaga, de 1848, aceptó el principio conocido entre los jurisconsultos alemanes con el nombre de *principio de legalidad* (del que es consecuencia la facultad conferida al Registrador de admitir, suspender o denegar la toma de razón de los documentos que se le presenten), el cual, con los de la *publicidad* y *especialidad*, constituyen las tres grandes bases en que descansa el sistema inmobiliario alemán. El proyecto de Código civil de 1851 consagra en todo su rigorismo más absoluto este principio de *publicidad* y *especialidad* de las hipotecas, siendo de notar los efectos *positivos* que produce el primero, y admite el de *legalidad*.

El segundo punto, el relativo a las *legislaciones extranjeras*, lo trata el Sr. Oliver de un modo magistral, clasificando aquellas en dos grupos: sistema *germánico* y sistema *francés;* y aun cuando, según el pensamiento del Gobierno, debería ser el primero el que había de tomar como tipo la Comisión, el autor expone prolijamente uno y otro. «Separa —dice— a estos dos grupos de leyes, designados respectivamente con los nombres de sistemas *germánico y francés*, entre otras diferencias esenciales, la muy importante relativa a uno de los conceptos fundamentales de la legislación civil, es a saber: que mientras el primero requiere para la trasmisión y gravamen de la propiedad territorial el cumplimiento de ciertas formalidades exteriores, sin las cuales ambos actos, o al menos el último, no tienen valor jurídico, el segundo —el francés— no exige formalidad exterior y declara transmitida o gravada la propiedad territorial por actos tan íntimos, y, sobre todo, tan clandestinos y ocultos como el mero consentimiento del propietario, manifestado de palabras o por escrito, o la tradición o entrega de la cosa, practicada de una manera real o simbólica, pero siempre desconocida para el público, a pesar de hallarse muy interesado en saber quién es el dueño de las cosas y los gravámenes que sobre ella pesan.»

«Este diferente modo de considerar el acto importantísimo de la trasmisión de la propiedad inmueble y de la constitución de los derechos reales impuestos sobre ella, viene a ser como la piedra angular en que descansan aquellos dos sistemas —*germánico* y *francés*—, cuyo respectivo desarrollo, en su conjunto y en sus detalles, es consecuencia lógica y necesaria del concepto distinto y radicalmente opuesto de aquel acto.»

Estudia el sistema *germano*, comenzando por observar que «todo él ha descansado principalmente sobre una antiquísima institución propia y exclusiva del pueblo alemán, conocida más generalmente con el nombre de *Auflassung,* el cual, traducido, al castellano, significa lo mismo que *egresión, emisión, desapoderamiento, abandono del poderío, del dominio o de la posesión de una cosa que nos pertenece.*»

La *Auflassung* que expone el Sr. Oliver, como no se había hecho antes en España, supone necesariamente tres requisitos, a saber:

a) Presentación al Tribunal de los documentos que acreditan el título o causa de la adquisición.

b) Examen y calificación de esos documentos por el Tribunal, es decir una *causae cognitio.*

c) Inscripción de aquellos documentos en los Registros territoriales llevados al efecto.

Al sistema de la *Auflassung* siguió el romano. Aquel se funda en la *publicidad* de los actos que causan la adquisición de la propiedad; éste en la *clandestinidad*. El uno busca el apoyo y la protección de la autoridad pública; el otro no sale de la esfera de un asunto *inter privatos.*

Al mediar el siglo XVII se inició una reacción en favor del antiguo Derecho alemán nacional y contrario al romano, tanto en la esfera científica como en la práctica, y más especialmente en lo que toca al régimen inmobiliario, siendo, de todos los Estados alemanes, Prusia el primero donde hallaron más justa y favorable acogida el sentido antirromanista y las aspiraciones económicas de los propietarios y comerciantes, y cuyas reformas legislativas estudia el autor detenidamente desde el edicto de 28 de septiembre de 1693 hasta la ley común o general Hipotecaria de 1783, que tendía a establecer, aunque en otra forma, la antigua *Auflassung* y el Código del derecho común prusiano, en el cual, a pesar de ciertas concesiones hechas a las doctrinas romanista y canonista, predomina el propósito de atribuir a la inscripción el carácter absoluto de un verdadero y único modo de adquirir la propiedad inmueble.

«En este mismo Código, y no en la célebre Ley Hipotecaria de 1783, es en donde aparece por primera vez formulado el concepto moderno del derecho de hipoteca, y ordenadas las relaciones jurídicas a que da origen de una manera tan completa y superior para la época en que se publicó, que con razón excitó la admiración, no sólo de los juristas y legisladores contemporáneos, sino de los que han florecido en épocas posteriores, habiendo sido estimada la legislación establecida en el Código prusiano como la legislación matriz del moderno sistema hipotecario, por cuya razón no es de extrañar que la tomasen por modelo los sabios autores de nuestra Ley Hipotecaria, hasta el punto de que los preceptos contenidos en las secciones 1.ª y 2.ª del título V de esta Ley, son un fiel trasunto de aquella legislación.»

«Y como resultado de aquel propósito, ordenaron todo el derecho propiamente hipotecario sustantivo con arreglo a los principios de especialidad, legalidad, publicidad y prioridad que, derivados lógica y necesariamente de la doctrina fundamental de la inscripción, son los propios y característicos del moderno sistema hipotecario alemán.»

Estudia, por último, el autor, la influencia de la Ley Hipotecaria y del Código de Prusia en las legislaciones de los demás pueblos de Europa, especialmente los de nacionalidad alemana, y las diversas direcciones que toma en estos la reforma, clasificándolos en dos grupos, según que se inspiraron en el antiguo Derecho alemán, que fueron los más, y uno de ellos el Código civil austriaco, o en el Derecho romano.

Expone a seguida el sistema *francés*, cuerpo de leyes que comprende desde la de 1 de octubre de 1795 hasta la de 23 de marzo de 1855, llamado también *mixto*, «porque en él aparecen combinadas, o mejor dicho yuxtapuestas, las doctrinas y las instituciones de Derecho romano imperial, las del Derecho francés de la antigua Monarquía y las de Derecho germánico acerca del régimen inmobiliario e hipotecario». Busca los precedentes de esta legislación en la de los territorios de derecho *escrito* y de los territorios de derecho *escrito* y de los territorios de derecho *coutumier* o *consuetudinario*, en los que imperaban respectivamente el sentido romano y el germánico; y da cuenta del establecimiento de los Registros de 1553, 1581 y en 1673 respecto de los primeros de esos países, pues en los segundos se conservaron hasta la época de la Revolución, bajo el nombre *nantissement* (apoderamiento o pignoramiento), las instituciones de origen germano derivadas de la antigua *Auflassung*. Estudia a seguida las leyes de la Revolución, en particular las de 1 de noviembre de 1795, o sea el *Código Hipotecario* y la de *declaraciones inmobiliarias,* a cuyo radicalismo sobre la supresión de las hipotecas tácitas y sobre emisión de cédulas hipotecarias puso remedio la Ley Hipotecaria de 1 de octubre de 1798, verdadero programa del sistema *francés,* seguido por los pueblos latinos, con la excepción de España. Viene a seguida el *Código civil* de 1804, en el que predominó una tendencia retrógrada, con la abolición casi absoluta del principio de *publicidad,* en el que se incluyen las *obligaciones* entre los modos de adquirir y en el que se declara que la venta queda perfeccionada *entre las partes y la propiedad se adquiere por el comprador respecto del vendedor* desde el momento en que han convenido en la cosa y en el precio, aunque la primera no haya sido entregada ni el segundo satisfecho.

Contra el Código civil se produjo un movimiento en la opinión de Francia: publicáronse libros, se abrieron concursos, se redactaron varios proyectos de ley y se publicó el 23 de marzo de 1855 una sobre *trascripción en materia hipotecaria.* «Informada esa ley en el espíritu indeciso y vacilante que viene dominando las inteligencias más ilustradas de Francia desde principios del siglo actual y que ha tomado sucesivamente los nombres de *eclecticismo, doctrinarismo* y *oportunismo,* no hay que buscar en ella preceptos formulados sintéticamente, que sólo puede ser resultado de conceptos orgánicos sobre la verdadera naturaleza de cada institución jurídica.»

Termina el Sr. Oliver este interesante estudio de las legislaciones extranjeras estableciendo a modo de resumen las diferencias fundamentales entre el sistema alemán y el francés. Es la primera que en el pueblo alemán, y también en el anglosajón, las relaciones que el hombre mantiene con las cosas inmuebles deben ordenarse de una manera propia y adecuada a la naturaleza física de estas, exigiendo, por consiguiente, una serie de disposiciones inspiradas en la condición especial del objeto de estas mismas relaciones, y de ahí que tengan una legislación propiamente inmobiliaria. Por el contrario, para el francés y los llamados de raza latina, la diversa condición física de las cosas muebles y de las inmuebles no ejerce influencia alguna en el orden jurídico, o la ejerce muy escasa, y así aplica a unas y otras, indistintamente, las mismas reglas de derecho.

Según el Derecho antiguo alemán, las relaciones jurídicas del hombre con las cosas *inmuebles* son de carácter *público;* según el Derecho francés, son de carácter *privado;* y de ahí que en un caso la *inscripción* viene a ser el único y verdadero título del dominio o derecho real trasmitido; que no otra cosa significan los principios de *legalidad, publicidad* (en el sentido de *fe pública*) y *sustantividad* de aquella, característicos del sistema inmobiliario alemán, mientras que para el Derecho francés son completamente desconocidas hasta refractarias semejantes máximas. Por eso puede resumirse la eficacia de cada una de dichas inscripciones en estas dos fórmulas: «La inscripción alemana produce efectos en *cuanto a tercero;* es decir, en favor y en perjuicio de tercero (efectos positivos). La trascripción o inscrip-

173

ción francesa produce sólo efectos *contra* tercero (efectos negativos)».

Y esa diferencia en cuanto al régimen inmobiliario se refleja en el propiamente *hipotecario*. En primer lugar, según el sistema alemán, la hipoteca, cualquiera que ésta sea, no adquiere la naturaleza de derecho real mientras no se inscriba en el registro el título en el cual se constituyó, mientras que según el francés la adquiere con el mero consentimiento o por virtud de cierto acto, como el matrimonio, la paternidad, etc. En segundo, conforme al alemán, como la hipoteca subsiste mientras no se cancela la inscripción, aunque se haya extinguido la obligación principal que garantizaba, puede darse en seguridad de una nueva obligación, y de aquí la posibilidad de la *hipoteca del propietario,* cosa que no cabe en el sistema francés. En tercero, el alemán, reconoce la existencia de un derecho real pignoraticio sobre inmuebles, con independencia de toda obligación personal preexistente.

«Esta especie de neo-hipoteca, que dio origen a la antigua institución de los *Handfesten* y a la moderna de la *Grandschuld,* que los juristas alemanes consideran como una *obligación* o *carga real sustantiva,* y puede considerarse como el precipitado más puro y maravilloso de la evolución del derecho inmobiliario alemán, es también abiertamente contraria a los conceptos tradicionales del pueblo francés y de los pueblos de raza latina sobre la naturaleza de la hipoteca.»

Por último, la hipoteca, según el derecho alemán, sujeta inmediatamente la finca gravada al pago de la suma garantizada, pudiendo el acreedor hacer efectivo su crédito sin necesidad de hacer antes *excusión* de los bienes del deudor; mientras que, según el sistema francés, por ahí tiene que empezar.

Y estas diferencias tienen que reflejarse en la organización de los *Registros*. Los alemanes están en constante y necesaria relación con los *catastros parcelarios*, los asientos son resultado de un verdadero acto de jurisdicción voluntaria, gozan de completa fe pública, con entera abstracción del título que los originó, están a cargo de los Tribunales de justicia y tienen el carácter de una institución fundamental del Derecho civil, no de organismos administrativos. Nada de eso son en Francia.

Pero para formar un completo y cabal concepto de la Ley Hipotecaria es indispensable conocer las leyes, costumbres y prácticas que a la publicación de la misma se hallaban subsistentes en la Península e islas adyacentes, estudio que ha llevado a cabo el Sr. Oliver de una manera acabada, exponiendo el estado de la legislación española sobre la trasmisión y gravamen de la propiedad territorial, al publicarse la referida ley, en las distintas regiones o provincias, y los oficios de hipotecas creados en virtud de la Real pragmática de 1768, como institución de derecho civil y que fue ley común para toda la Península.

Expone, con copiosas citas, en cuanto al derecho de *Castilla*, el derecho *nacional* o *indígena*, o sea el contenido en los fueros y leyes recopiladas, en las cuales ha predominado la tendencia, que puede llamarse *germánica,* a la publicidad de las enajenaciones y gravámenes de bienes inmuebles, y el Derecho *canónico romanista,* contenido en el Código de las Partidas, inspirado en el principio de la clandestinidad de todas las relaciones jurídicas que nacen del comercio de los inmuebles. Encuentra que, de todas las legislaciones vigentes al publicarse la Ley Hipotecaria, es la contenida en el *Fuero de Vizcaya* la que ha sometido de una manera más general y sistemática al principio de la publicidad todos los actos y contratos *inter vivos* de trasmisión o gravamen de bienes raíces. En cuanto a *Navarra,* salvo una ley de su Fuero general que ordena la publicidad de las ventas de bienes raíces, regía el sistema romanista, basado en la clandestinidad. La legislación de *Aragón* ofrece bastantes pruebas de haberse inspirado en el principio de publicidad. En *Cataluña,* por el contrario, imperaba la clandestinidad con la excepción del famoso *Código de las costumbres de Tortosa,* publicado y comentado por el Sr. Oliver, el cual se anticipa a los modernos Códigos civiles que se inspiran en la legislación alemana. Finalmente, el sistema de la legislación de *Mallorca* era el romanista.

La publicación de la Pragmática de 1768, debida a Campomanes y Floridablanca, que creó los *Oficios de Hipotecas,* fue el primer acto importante realizando en nuestra nación para llegar a la uniformidad en Derecho civil, y cuya fiel y general observancia aseguró el establecimiento del impuesto creado en 1829 sobre los actos de trasmisión y gravamen sujetos a registro, causa a la larga de que el Ministerio de Hacienda se atribuyese la dirección de esas oficinas en su doble carácter de institución civil y rentística, y cuya impotencia se demostró al eludir la gran mayoría de los particulares el cumplimiento de sus disposiciones y, por consiguiente, el de las contenidas en la Real Pragmática de 1768.

Expuestos todos estos precedentes, entra el Sr. Oliver en el examen de las diferentes fases o períodos por que atravesó la elaboración de la *Ley Hipotecaria* desde su comienzo hasta su promulgación. Tras las largas deliberaciones de la Comisión, iniciadas en 1855, el 4 de junio de 1860 elevó el proyecto al Gobierno, quien lo sometió íntegramente a las Cortes el 9 de julio del mismo año, produciendo su lectura «extrañeza en muchos, exagerado optimismo en otros, asombro y admiración en todos»; siendo de notar que si en el Senado votaron contra él solo once Senadores, el Congreso lo aprobó por unanimidad. Fueron complemento interesante de la ley el *Reglamento* dictado para su ejecución y la *Instrucción sobre la manera de redactar los instrumentos públicos sujetos a registro,* obra ambos documentos del Sr. D. Francisco de Cárdenas.

En cuanto a la amplitud, extensión y tendencias de la reforma hipotecaria y de la nueva ley, el autor, después de invocar auténticos testimonios tomados de la exposición de motivos de aquella y de los debates que tuvieron lugar en ambas Cámaras, resume el resultado de su investigación, considerando fuera de discusión que esta ley no se limita a organizar sobre nuevas bases el derecho de hipoteca, el cual ni siquiera constituye su principal objeto. La necesidad de legislar sobre ese derecho fue ciertamente la ocasión, la *vis agens* de la reforma trascendental que llevó a cabo aquella ley en nuestra antigua legislación sobre la propiedad territorial, creando un verdadero derecho inmobiliario, en el conjunto armónico y sistemático de disposiciones relativas a la adquisición del dominio de bienes inmuebles y a la constitución, trasmisión y gravamen de derechos reales impuestos sobre dichos bienes, inspiradas en el alto fin social y jurídico de dar firmeza, seguridad y estabilidad a la propiedad territorial y a cuantos derechos se deriven o relacionen con ella; conjunto de disposiciones que forman el principal y más importante asunto de la Ley llamada *Hipotecaria,* hasta tal punto, que uno de sus más ilustres autores, y desde luego el más competente, ha llegado a calificarla de *Código de la propiedad territorial.*

Hace un breve resumen de la ley, y termina esta primera parte de la Introducción determinando, con un rigor científico a que estamos pocos acostumbrados, la *naturaleza* de aquélla, esto es, sus principales atributos o caracteres, cuyo conocimiento, dice, «contribuirá también sin duda alguna a desvanecer muchos errores, demasiado generalizados por desgracia, entre los que han de aplicar sus preceptos acerca de la verdadera índole y trascendencia de esa memorable obra legislativa; errores que han sido y continúan siendo causa de innumerables desaciertos, tanto en la esfera especulativa como en la práctica.»

Los atributos o caracteres de la Ley Hipotecaria, considerada como una obra de técnica legislativa, los formula el Sr. Oliver en las siguientes proposiciones:

«La ley Hipotecaria es de naturaleza civil, es decir, que forma parte integrante del Derecho civil o privado.

Es radicalmente innovadora de nuestra antigua legislación.

Se halla informada por los principios del Derecho germánico o alemán, y especialmente del prusiano.

Es analítico o casuistica.

Es sistemática.

Es unitaria o uniformadora.

Es, finalmente, *especial,* o con más exactitud, *parcial.*»

En cuanto a lo primero, fue reconocido por muchos de los jurisconsultos que tomaron parte en los debates del Parlamento: Gómez de la Serna, Arrazola, Álvarez (D. Cirilo) y Luzuriaga, quien decía: «esto (el traer la Ley Hipotecaria sin el Código) vendrá a ser como un gran remiendo de rica tela puesto en otra tela vieja, por no decir carcomida.» Por lo que hace a su carácter radicalmente innovador, es evidente que, como decía la misma Comisión, «introducía un verdadero trastorno en el modo de ser de muchas instituciones, en los hábitos envejecidos y en las costumbres civiles, que vienen a ser una segunda religión en las naciones.» Hasta qué punto la informan los principios del Derecho alemán, y especialmente del prusiano, lo expresa el autor recordando estas palabras del Sr. Fernández Negrete, a la sazón ministro de Gracia y Justicia: «*hay aquí mucho del sistema alemán; acaso con el tiempo haya más todavía*»; palabras, añade el Sr. Oliver, que «además de fijar el origen de las doctrinas contenidas en la Ley Hipotecaria, *encierran el programa de toda reforma de la misma, que aspire a ser verdaderamente progresiva y no retrógrada.* Después de justificar los restantes atributos de la ley, esto es, el ser analítica o casuística, sistemática, unitaria o uniformadora y especial o parcial, termina esta parte de su trabajo definiendo aquélla, como resultado de todo el estudio hecho, en la siguiente forma:

«La Ley Hipotecaria española es el *conjunto sistemático de preceptos de naturaleza civil, comunes a toda la nación, que fijan y organizan las condiciones generales de que depende, en cuanto a tercero, la adquisición mediata, el ejercicio y la pérdida de la propiedad territorial, y la constitución, trasmisión, modificación, gravamen, ejercicio y extinción de los derechos inmobiliarios o sobre inmuebles, y las condiciones especiales de que depende de igual modo la constitución, trasmisión, modificación, gravamen, efectuación y extinción del derecho hipoteca.*»

La definición parecerá quizás un poco larga, pero téngase en cuenta que se trata de definir, no una Ley Hipotecaria, sino la española, y por ello, si ha de reunir aquella las condiciones que demanda la lógica, nada huelga en la que aquí dada y todo es preciso para formar concepto exacto de lo definido.

II

Va resultando tan extenso este artículo, que, no sin pesar, habremos de limitarnos a dar cuenta brevemente del contenido de las otras dos partes de la introducción. El objeto de la segunda se expresa en su epígrafe: *Planteamiento de la Ley Hipotecaria y reformas que ha experimentado hasta el presente.*

En la anterior ha determinado el señor Oliver el concepto fundamental de la misma; pero resultaría imperfecto e incompleto si se hiciera caso omiso de dos órdenes de hechos que han venido a completarlo y modificarlo, tal vez demasiado profundamente, con posterioridad; el procedimiento empleado para plantear aquélla y las reformas generales o especiales que ha experimentado hasta el presente.

Si se trataba de *asentar sobre nuevas bases la propiedad territorial de España,* puede calcularse la importancia que en esta obra legislativa, más que en otra alguna, tenía el procedimiento. Por desgracia no se siguió al establecer los Registros de la propiedad, el sistema acreditado ya en Alemania. Parecía natural que se empezase por la *registración* o apertura de registro particular a cada finca, para que constara el *estado civil* de cada una, lo cual llevaba unida la exigencia de abrir tres secciones destinadas a consignar la existencia del predio, la persona que tiene en cada momento el dominio pleno de él, y sus diversas desmembraciones, ya *perpetuas* o *indefinidas,* como las servidumbres y los censos, ya *temporales* o *limitadas,* como los usufructos, los arrendamientos y, sobre todo, las hipotecas. Esta exigencia llevaba consigo como consecuencia la necesidad de hacer la descripción fehaciente de las fincas, abriendo en los libros de la Propiedad el correspondiente registro particular, la inscripción del dominio pleno de las mismas a favor del propietario legítimo y que estuviese a la sazón en posesión de ellas, mediante la presentación de documentos auténticos y fehacientes, y la de todos los derechos, cargas y acciones de naturaleza real que las afectaran directamente.

¿Qué procedimiento es el que se ha seguido? Interesa mostrarlo reconstruido, tomando sus elementos en la Ley, en el Reglamento y en las disposiciones gubernativas, para formar concepto acabado de la materia, para apreciar la naturaleza de los obstáculos que se opusieron al planteamiento *parcial* de la Ley y dilataron el *total* por mucho tiempo, y para darse cuenta de las reformas más o menos amplias que se han dictado para removerlos, sin conseguirlo.

En cuanto a la *instalación de los Registros de la propiedad,* después de exponer el autor su carácter fundamental, las principales diferencias, en este punto, entre la legislación española y la prusiana, la apertura del registro y las fuentes o elementos de prueba para practicarle, concluye que las reglas trazadas por el legislador no responden al objeto fundamental de la Ley, o sea el de *asentar sobre sólidas bases la Propiedad territorial.* Ofrecían aquéllas dos grandes inconvenientes. «Era el primero que, abandonando la registración o apertura de registros de las fincas a la iniciativa individual, que en los propietarios de todos los pueblos, y más del nuestro, es nula o muy escasa, se dilataba indefinidamente la instalación de los Registros, y, en su consecuencia, el planteamiento de la Ley, contra el propósito del Gobierno y contra los deseos manifestados por los autores de la misma.

»Era el segundo que, no exigiendo a los que solicitan la registración garantía alguna de ser los legítimos dueños de la finca al tiempo de verificar esta operación (pues el simple título traslativo de dominio es insuficiente), y no dictando tampoco regla alguna para hacer constar todos los derechos y gravámenes de naturaleza real que gravaban la finca en el referido tiempo, muchos de los cuales no necesitaban para producir este efecto ser registrados, según la legislación anterior, quedarían despojados aquél y éstos de la *realidad* y de la *reivindicabilidad* de tales derechos y gravámenes, en virtud de los efectos que la Ley atribuye a la inscripción, si el que obtenía fraudulentamente la registración de la finca la enajenaba o gravaba a favor de un tercero y éste la inscribía de buena fe a su nombre.»

Y era difícil evitar estos dos inconvenientes, porque precisaba satisfacer dos exigencias, al parecer radicalmente opuestas, antitéticas, a saber: el planteamiento inmediato de la Ley, y la protección más absoluta al dominio y demás derechos reales sobre inmuebles legítimamente adquiridos antes de su promulgación.

«Y que a la vez no podían ser satisfechas ambas, es evidente; porque si atendía a la primera exigencia, quedaban abandonados a la astuta diligencia de los codiciosos de lo ajeno los antiguos y legítimos propietarios y demás habientes-derecho sobre inmuebles; y si satisfacía la segunda, respetando la existencia y eficacia de los derechos adquiridos por estas personas, hasta que con el transcurso del tiempo se transformasen o extinguiesen, se dilataría indefinidamente el planteamiento del nuevo sistema, que la opinión pública anhelaba ver realizado en el término más breve posible.»

Para salir de este conflicto, el legislador resolvió que, antes de hallarse planteada la Ley Hipotecaria, quedasen inscritos todos los derechos reales, con inclusión del dominio, sobre fincas adquiridas antes de la promulgación de aquélla, comenzando por atribuir a los asientos de las antiguas Contadurías de hipotecas la misma eficacia que a las inscripciones practicadas en el nuevo Registro. Quedaba luego la dificultad de procurar la inscripción de los actos y contratos no inscritos en aquéllas, y la resolvió acordando que se practicara, no en los libros antiguos, que parecía lo lógico, sino en los nuevos; y como, dado el fin de la Ley, al planteamiento de ésta debía preceder esa inscripción, se apeló al medio ingenioso del *planteamiento gradual de la ley,* por virtud del cual, en una fecha comenzarían a regir todos sus preceptos, menos algunos de los que declaran los efectos de la inscripción, especialmente el contenido en el art. 34, el más importante y trascendental, y en otra cesaría esa suspensión, realizándose el planteamiento *total* y *completo,* y claro es que hasta entonces no podía producir la Ley el primero y más importante de los beneficios que de ella se esperaban, el de asentar sobre sólidas bases la Propiedad territorial. Se partió, al adoptar tal procedimiento, de la siguiente hipótesis: «que eran iguales los requisitos y efectos de los asientos extendidos en las antiguas Contadurías de hipotecas y los de las inscripciones que deben practicarse en el moderno Registro.»

Para apreciar la exactitud de ese supuesto, el Sr. Oliver hace un *examen comparativo* de los asientos antiguos y de las inscripciones nuevas, del cual resulta demostrado que «los Oficios o Contadurías de Hipotecas y los Registros de la propiedad, responden a un concepto jurídico fundamentalmente distinto; que también son distintas las funciones que están llamados a desempeñar cada uno de estos organismos en la vida social, y que, por consecuencia de todo, son muy esenciales las diferencias que existen entre los requisitos y efectos de los asientos extendidos de los Registros antiguos y las inscripciones practicadas en los modernos Registros.»

«Y con todo esto resulta además demostrado que no es verdadera la hipótesis de que partieron los autores de la Ley al adoptar como base o cimiento del Registro de la propiedad las *tomas de razón* de las antiguas contadurías.»

Y he ahí la explicación de los grandes obstáculos con que ha tropezado desde el principio y tropieza aún, el planteamiento en España del sistema inmobiliario alemán. En conclusión, el procedimiento adoptado produjo grandes inconvenientes para la seguridad de los derechos reales consignados en los libros y para la determinación del verdadero estado civil de las fincas, después de publicada la Ley Hipotecaria, resultando así que una medida inspirada en el propósito de dar mayor garantía a los derechos reales inscritos en las Contadurías de hipotecas, ha venido a redundar en irreparable daño de la inmensa mayoría de ellos. En efecto, la declaración solemente de que esos asientos surtirían todos los efectos atribuidos a las nuevas inscripciones, dio lugar a que los interesados creyeran que nada tenían que hacer para la conservación perfecta de sus derechos, cuando la verdad es que la identidad que en esa declaración se afirmaba no era posible, en cuanto no sólo no podían producir los antiguos asientos todos esos efectos, sino que se corría el riesgo de perder el dominio y los demás derechos reales en ellos consignados; siendo de notar, por otra parte, que en vez de haberse logrado la desaparición de los realmente caducados, han cobrado nueva vida y se han perpetuado.

Otro de los inconvenientes de tal procedimiento, fue la dilación que experimentó el planteamiento *parcial* de la Ley y la manera atropellada, irregular y deficiente como se realizó. Según fueron tomando posesión de sus cargos los Registradores, fueron sabiendo lo que antes era ignorado: el estado lamentable de las antiguas Contadurías, lo defectuoso de los asientos y la deficiencia e inutilidad de los índices de las mismas; circunstancia esta última que dio lugar a las *anotaciones preventivas* por imposibilidad del Registrador. Propuso remedios para todo la Comisión de Códigos; separándose del parecer de ésta, se dictó el trascendental Real decreto de 30 de julio de 1862, y, por fin, se acordó que empezara a regir la Ley el 1 de enero de 1863, en condiciones tan deplorables, que hubo de decir la Comisión de Códigos que venía a plantearse sólo en la apariencia, aun a riesgo de comprometerla inconsideradamente en el fondo, asegurando que produciría graves peligros y daría infelices resultados.

Comenzó, pues, el período llamado *transitorio*, durante el cual deberían quedar inscritos todos los derechos adquiridos con anterioridad al planteamiento de la Ley, y que no debió haber durado más de un año. Saltaba a la vista la necesidad de transformar las hipotecas y ciertas acciones rescisorias y resolutorias de tácitas u ocultas en especiales; y como surgiera el conflicto entre la que era consecuencia indeclinable del nuevo sistema y el homenaje debido al principio de la no retroacción de las leyes, el legislador partió de una teoría consistente en distinguir los derechos *en sí mismos* de las *formas establecidas por la ley* para su existencia y conservación, para respetar aquéllos, pero no éstas, y por ello se dejaron sin efecto esos derechos, pero se autorizó en unos casos y se impuso en otros su transformación dentro de ese período de transición, y estableció el *juicio* o *expediente de liberación*. Había además hipotecas y censos constituidos sobre una colectividad o masa general de fincas *in solidum*, y el legislador dictó varias medidas para favorecer y aun imponer la *individuación* de las hipotecas solidarias.

A la par que eso, y bien pudiera decirse antes que eso, preciso era promover y acelerar la inscripción de las adquisiciones de fincas, derechos reales y demás actos y contratos relativos a bienes inmuebles de fecha anterior al planteamiento parcial de la Ley y no registrados en las antiguas Contadurías.

Al efecto se estimuló, mediante la concesión de beneficios, a los que practicaran la inscripción antes del planteamiento total de la Ley, y se impuso una sanción civil a los títulos que carecieren de ella, resultando en definitiva: obligatoria o forzosa, aun cuando no se dijera, pues el hecho era que las graves consecuencias de su falta quitaban la libertad en la elección; innovadora del estado legal de los propietarios, en cuanto impuso a éstos un requisito tan esencial que, de omitirlo, corrían el peligro de ser despojados de los derechos que habían adquirido en la forma prescrita en la legislación anterior, y, por último, complicada y de difícil ejecución para la gran mayoría de interesados. Y resultó además un dualismo entre lo declarado por los autores de la Ley y lo preceptuado por ésta; porque, según lo declarado, esas inscripciones no tenían un alcance transcendental y, según lo preceptuado, el propio del nuevo régimen, contradicción que fue debida a que se pidió inspiración, en lo sustancial, al sistema alemán y en la organización al francés, sin advertir la incongruencia. De aquí los dos sentidos en que se ha interpretado la Ley en este punto, y los grandes y generales obstáculos que encontró en la práctica esa operación.

Se observaron en todo el territorio, pero muy especialmente en el N., NE. y NO., procediendo los comunes a la inscripción de toda clase de adquisiciones, de estas dos causas: la excesiva subdivisión del suelo y escasa cuantía de las fincas, y el estado de la titulación. En cuanto a la primera, se ha dado el caso en Galicia de consistir una finca en el espacio necesario para contener un solo árbol y pertenecer este a distintos dueños; en Navarra, el de estar con frecuencia gravadas hasta sesenta fincas para asegurar el pago de 250 a 500 pesetas; tan escaso era el valor de aquéllas. De aquí que por la dificultad de deslindarlas, por el costo de la titulación, resultó que unos carecían de ella y otros la tenían incompleta o defectuosa, juzgada con el criterio de la nueva Ley, cuyos autores, por cierto, sólo previeron el caso de la falta absoluta de ella, pero no los demás. Con este motivo, el Sr. Oliver muestra, examinando las formas de titulación usadas en España al publicarse la Ley Hipotecaria, cómo, en cuanto a la verbal y la quirografaria, era en absoluto imposible inscribir el dominio ni los derechos reales por ellas adquiridos; y por lo que hace a la auténtica, los documentos públicos en que se hallaban consignados los títulos de adquisición más generales y frecuentes (sucesiones de los antiguos señoríos, fundaciones vinculadas y fideicomisarias, sucesiones, testadas o intestadas, y sucesiones contractuales de las provincias forales) eran defectuosos, entre otros motivos, por no estar descritas las fincas o estarlo en términos sobrado vagos y lacónicos.

Por lo que hace a la inscripción de los derechos reales, había la dificultad de la necesidad ineludible, dado el nuevo sistema, de registrar previamente el dominio, de donde venía a resultar que la conservación de un derecho dependía de la voluntad de un tercero. Este obstáculo fue de escasa importancia para algunos de ellos, para otros de bastante gravedad, y para un gran número de tan extraordinario trascendencia, que hacía imposible la inscripción. En este último caso se encuentran los constituidos por virtud de la trasmisión de fincas a título enfiteutical en todas las provincias, pero particularmente en las de Cataluña, Galicia, Asturias y León.

A este punto dedica el Sr. Oliver un extenso capítulo, por todo extremo interesante, y a cuyo detenido examen con pena tenemos que renunciar. Comienza haciendo notar los obstáculos generales que se opusieron a la inscripción de los derechos reales de naturaleza enfiteutical, nacidos de las dudas acerca de la manera de inscribir los dominios llamados *directo* y *útil* y de la prioridad atribuida al segundo por una resolución gubernativa, ya que los autores de la Ley Hipotecaria sólo cuidaron de dictar reglas respecto del dominio pleno y de los derechos reales disgregados del mismo, mas no previeron la manera de inscribir la coexistencia de dos dominios sobre una finca, los llamados *directo* y *útil,* iguales al parecer en importancia jurídica, resultando que por ignorancia o malicia se ha incluido, bajo la denominación odiosa de *cargas* o *gravámenes,* el dominio directo, que es la propiedad más sagrada y respetable. Hace a seguida un estudio magistral de las instituciones enfiteuticarias en Cataluña, estudiando el origen y naturaleza de los dominios llamados *mayor* y *mediano,* y en Galicia, Asturias y León, observando, respecto de la primera, cómo por virtud de la facultad de crear *subforos* «las *nueve décimas partes de la propiedad territorial* de esa comarca están poseídas, a título de foro, por una serie jerárquica que, empezando en el dueño directo de una gran extensión de terreno, desciende, de grado en grado, sobre lotes o porciones, cada vez más diminutas, viniendo a pesar sobre una de estas pequeñas parcelas varios dominios directos y diversas pensiones y subpensiones.» Y termina este capítulo exponiendo la historia de la intrincada cuestión foral en ese país.

Graves y generales perturbaciones experimentó la propiedad territorial, especialmente la de escasa cuantía, a consecuencia de la necesidad de inscribir el dominio y derechos reales adquiridos antes de la promulgación de la ley y de la imposibilidad de practicar la inscripción de los mismos. A las dificultades que oponían los Registradores hay que añadir la dilación en el despacho de los documentos, el desprestigio de los antiguos propietarios, cuyos títulos de adquisición no eran admitidos a inscripción sin que se sintieran inclinados a sustituirlos por enajenaciones posesorias, la paralización de la contratación notarial sobre inmuebles y su reemplazo por la quirográfica o por actos simulados, la notable depreciación de la propiedad territorial y la alarma general que se produjo entre los propietarios y titulares de derechos reales «al contemplar el peligro inminente que corrían de verse despojados de sus fincas y derechos si llegaba el día, que estaba muy próximo, en que había de quedar totalmente planteada la Ley, sin haber podido practicar la inscripción de los respectivos títulos de adquisición, a consecuencia de los obstáculos y dificultades que a ello se oponían. Y ese peligro era, por desgracia, real y efectivo, porque desde dicho día, los que no habían cumplido con ese requisito, quedaban expuestos a perder irremisiblemente las fincas y derechos reales con arreglo a los preceptos de la nueva Ley (artículos 17 y 34), en el caso de que cualquiera persona se anticipase a inscribir a su favor las mismas fincas o derechos en virtud de títulos anteriores o posteriores, legítimos o ilegítimos.»

De aquí las peticiones elevadas al Gobierno por las Corporaciones y particulares, especialmente de las regiones del N., NE. y NO., para que remediase tales perturbaciones, dando lugar a las medidas dictadas o proyectadas hasta llegar a la reforma de la Ley Hipotecaria, llevada a cabo en 1869.

Interesante es el capítulo consagrado por el autor al examen de esas medidas. Es la primera la Real orden de 5 de marzo de 1863, que el Sr. Oliver llama célebre, por la que se autorizó a los herederos únicos (*hereus*) de cataluña para inscribir el dominio de cuantas fincas y derechos reales pertenecían a su causante, sin otra prueba ni justificación que su simple aseveración hecha ante Notario; disposición inspirada en el criterio de *facilitar la inscripción,* por no ver la diferencia radical que hay entre lo que es ésta según la Ley Hipotecaria y lo que era la *toma de razón* de las antiguas Contadurías de hipotecas, y que la Dirección del ramo extendió a poco a los que eran dueños en virtud de donación, heredamiento o cualquiera otra universalidad de bienes y más tarde a los poseedores por título vincular o mayorazgos, pudieron inscribir como de su dominio cuantas fincas y derechos reales les plugo declarar como suyos, abriendo una verdadera brecha en el Registro de la propieda,d por la que penetraron en sus folios y lograron adquirir el título de propietarios, gran número de poseedores a título universal, presentando como única prueba de su adquisición la descripción de las fincas que ellos mismos afirmaban bajo su mera palabra que habían pertenecido a su causante en una relación o lista hecha a modo de inventario.»

En 1863, el Gobierno presentó a las Cámaras un proyecto de ley para prorrogar por un año más el planteamiento total de la Hipotecaria. De la discusión que recayó sobre él en el Senado, resulta que se reconoció la necesidad de hacer algo más, de quitar todo efecto retroactivo a aquélla. Lo que en realidad sucedió fue que se pusieron frente a frente los dos procedimientos: el de la Ley, enderezado a plantear el Registro de la propiedad de una manera rápida y uniforme en toda la nación, y el que prevalecía en la alta Cámara, en el sentido del planteamiento suave y lento. Este triunfó en el Senado, y además se acordaron varias medidas para facilitar la inscripción de las fincas o derechos reales de escasa cuantía. Pero, en esto, no quedaba tiempo para que el proyecto se discutiera en el Congreso antes del 31 de diciembre, en que terminaba el plazo señalado para el planteamiento total de la Ley; y «en esta alternativa, el Gobierno se decidió, con aplauso general y sin que a nadie se le haya ocurrido exigirle por ello responsabilidad alguna, a quebrantar de nuevo dicha Ley, publicando el Real decreto de 31 de diciembre de 1863, en virtud del cual se aplazó por dos años el planteamiento total de la misma.»

A poco, la Comisión de Códigos redactó un *proyecto de Ley adicional,* en el cual fueron consignados muchos de los medios propuestos para allanar los obstáculos que se oponían a la inscripción, con la excepción de la declaración de *irretroactividad,* que ni siquiera se discutió. Además, expuso en el preámbulo la necesidad de proceder a la transformación de la propiedad territorial en Galicia, proponiendo numerosas y radicales medidas, que produjeron gran alarma en aquella región. Sobre ese proyecto se abrió una información, de la cual resultó que en los informes de los presidentes de las Audiencias, con una excepción sola, no se dirigió la menor censura al sistema adoptado en la Ley Hipotecaria. Uno de ellos, el de Granada, hasta hizo cargo a la Comisión por transigir demasiado con las preocupaciones y apatía de los propietarios, y dijo: «Pero, por dar mayores facilidades, que no se olvide ni un solo momento la naturaleza de los Registros; que no se olvide tampoco *que lo que en ellos consta y aparece ha de tener a los ojos de todo el mundo el sello de la verdad,* el que quedaría borrado a muy poco tiempo, si viésemos con alguna frecuencia combatidas por nulas las inscripciones, ya de dominio, ya de posesión, por haber sido hechas por personas incapaces o faltas de todo derecho, lo que no tendría nada de extraño que sucediera, si se abrieran fácilmente los Registros a toda clase de documentos.»

En el mismo sentido se expresó, en términos decididos, el Colegio Notarial de Barcelona y en el contrario sólo el presidente de la Audiencia de Valencia, según el cual ofrecía gravísimos inconvenientes para la conservación de los derechos de tercero la *preponderancia que la Ley atribuye a la Inscripción sobre el Título.*

En la legislatura de 1863 a 1864, se propuso por varios diputados gallegos la suspensión de la Ley Hipotecaria, a cuyos principios fundamentales sobre la inscripción hicieron ruda oposición aquéllos y el Gobierno, pidiéndose por algunos una Ley *enteramente nueva,* y no faltando quien incurriera en el grave error de suponer que, manteniendo los principios de publicidad y de especialidad, poco importaba que se declarase la preponderancia del Título sobre la Inscripción. A todo esto, se aproximaba la terminación de la última prórroga, y el Gobierno bajo su responsabilidad aplazó el planteamiento total de la Ley, de un modo indefinido, por Real decreto de 19 de diciembre de 1865.

En este mismo año, se presentó por el Gobierno un proyecto de Ley, en el que se reproducía la declaración de irretroactividad y se proponían, entre otras medidas, dos, que califica el Sr. Oliver de verdaderamente extrañas, y que consistían: la una, en declarar nulos todos los asientos anteriores al año de 1800; y la otra, en exceptuar de la inscripción las adquisiciones de bienes, posteriores a la Ley, cuyo valor no excediera de 150 pesetas.

Este proyecto, que calificó de *desacordado* la Comisión de Códigos, no llegó a discutirse.

Al fin, utilizando el proyecto formulado por esta Comisión en 1866 y el anteproyecto presentado en 1868 por la subsecretaría de Gracia y Justicia, se redactó la Ley de 1869, que comenzó a regir el 1 de enero de 1871. La innovación más importante que introdujo fue la que afecta a los artículos 34, 97 y 99, que constituyen la doctrina fundamental sobre la sustantividad de la inscripción. «La Ley Hipotecaria de 1869, sin aceptar de una manera franca la doctrina, abiertamente contraria a dicha sustantividad, del anteproyecto de bases, alteró la establecida en la Ley de 1861 acerca del valor absoluto atribuido a la inscripción, bajo tres distintos e importantes aspectos: primero, introduciendo un procedimiento muy peregrino de extinguir los derechos reales inscritos, incluso el de dominio, y que consiste en el silencio o inacción de las personas a cuyo favor están constituidos, durante el brevísimo plazo de treinta días siguientes al requerimiento que se les hace, a instancia de cualquiera persona que pretende inscribir un acto o contrato de trasmisión o gravamen relativo a la misma finca; segundo, haciendo depender el valor sustantivo que la Ley atribuye a las inscripciones de cancelación, de ese mismo procedimiento; y tercero, admitiendo la posibilidad de que pueda invalidarse un título inscrito en virtud de otro no inscrito, al suprimir el precepto consignado en la Ley de 1861, según el cual, solamente en virtud de un título inscrito puede invalidarse, en perjuicio de tercero, otro título posterior también inscrito. Tales innovaciones, que, además de hallarse en oposición con el sistema fundamental adoptado por los autores de la Ley Hipotecaria, constituyen un gran retroceso en el camino de la perfectibilidad de esta última, merecieron las más severas censuras de la Comisión de Códigos, que las hizo públicas, poco después de planteada la de 1869.»

Dedica el Sr. Oliver un capítulo a las innovaciones concernientes al planteamiento *total* de la Ley. Es la primera, una de las más graves y fundamentales, la que consiste en disponer que los *asientos* de las antiguas Contadurías deben producir únicamente los efectos que les correspondan según la legislación anterior al día en que se planteó parcialmente la Ley; y que sólo después de trasladados a los libros del Registro de la propiedad producirían los efectos que la misma atribuye a las inscripciones practicadas en éstos: resultando una antinomia entre lo nuevo y lo antiguo, dentro de la misma Ley, que viene a resolver el Reglamento en favor de la asimilación de unos con otros asientos.

Dispuso también la reforma la *reapertura* de los antiguos libros, en cuya virtud pudiesen abrirse éstos de nuevo, para extender la cancelación de los derechos inscritos en ellos, con lo cual se evitó la práctica de dos operaciones costosas y complicadas: la previa registración de las fincas y la previa inscripción de un derecho real, ya extinguido; pero tuvo el inconveniente de que, habiendo de practicarse la cancelación arreglo a la legislación anterior, los Registradores prescindieron de la calificación de los títulos.

En cuanto al *planteamiento total* de la Ley, se fijaron tres períodos, que fueron los siguientes:

«Para la efectuación de las acciones rescisorias y resolutorias, o su transformación en hipotecas expresas, sesenta días, contados desde el que empezó a regir la Ley.

»Para la transformación de las Hipotecas tácitas en especiales, o en anotaciones preventivas, noventa días, contados desde igual fecha.

»Y para la inscripción del dominio y demás derechos reales, no inscritos en las antiguas Contadurías, ciento ochenta días, a partir también del citado día.»

Debió, pues, quedar planteada la Ley de un modo total en 1 de julio de 1871; pero, por lo que hace a ciertos derechos reales, hubo de suspenderse por virtud de las disposiciones relativas a los de naturaleza enfitéutica, como veremos a seguida. Se innovó lo referente al *juicio de liberación*, modificándolo radicalmente; a la individuación de fincas gravadas solidariamente con hipotecas o censos, censales y foros, y a la inscripción y derechos reales adquiridos antes del planteamiento parcial de la Ley.

Como la reforma olvidó los obstáculos derivados de la subdivisión del suelo y de la libertad, usada en algunas provincias, de disgregar gradual e ilimitadamente el dominio, fue preciso formular un proyecto de Ley; y como fue promulgada ésta el 3 de julio de 1871, resultó que la de 1869, puesta en vigor total dos días antes, quedó en suspenso de nuevo por lo que hace a censos, foros, subforos y otros derechos de análoga naturaleza. Haciendo uso de la autorización concedida en esta Ley al Gobierno, dictó éste, en 21 de julio de 1871, reglas para la inscripción en toda clase de derechos reales y para los de naturaleza enfitéutica.

Planteada la Ley de un modo total en 1 de enero de 1873, por una de 29 de agosto del mismo año, quedó en suspenso lo relativo a los efectos de la inscripción de los derechos reales adquiridos, y no inscritos, sobre fincas, con anterioridad al planteamiento parcial de la misma, hasta el 31 de diciembre de 1874. De nuevo quedó planteada la Ley totalmente el 1 de enero de 1875; pero se dictó en 8 de octubre del mismo año un Real decreto, por virtud del cual se suspendió la aplicación de la Ley, en cuanto a los foros, en las provincias de Galicia y en las de Oviedo, León y Zamora.

Pero la Ley Hipotecaria de 1869 ha sido objeto de nuevas alteraciones, en puntos muy importantes, en virtud de otras posteriores y del Código civil. Hállanse entre las primeras la provisional de Matrimonio, de 18 de junio de 1870 (obligaciones de los padres respecto de los bienes de los hijos, que administran o usufructúan); la de 2 de diciembre de 1872, creando el *Banco Hipotecario de España;* la de 15 de agosto de 1873, con motivo de la destrucción de los libros antiguos; la de 17 de julio de 1877, que modificó varias de las disposiciones referentes a herencias, hipoteca legal en favor de las mujeres casadas, etc., y la de Enjuiciamiento civil, de 3 de febrero de 1881, que alteró algo de lo establecido en la anterior e introdujo otras innovaciones de carácter procesal.

El Sr. Oliver consagra un largo capítulo al estudio del *Código civil* en relación con la *Ley Hipotecaria,* ya que, en vez de haberse incorporado ésta a aquél, según debió hacerse, continúa vigente como una obra legislativa totalmente independiente. Según el proyecto de Ley de Bases de 22 de octubre de 1881, la Ley Hipotecaria continuará vigente después de publicado el Código, del mismo modo que las leyes del Registro civil, Minas, Aguas y cualesquiera otras *especiales* que contuvieran disposiciones de carácter civil; debiendo llevar de estas leyes al Código los preceptos sustantivos que hubiese en ellas, en la medida que la estructura del mismo exigiese; y la Comisión de Códigos redactó los libros I y II. «Al equiparar estas leyes (las de Minas, Aguas, etc.) con la Hipotecaria, los autores de tales proyectos incurrieron en grave error: pues mientras ésta última trata exclusivamente de los derechos reales sobre inmuebles, en cuanto forman el patrimonio privado de los ciudadanos, y también de las personas jurídicas, las primeras tratan de los derechos reales sobre cierta clase de bienes que en parte son de dominio o de uso público, y en parte de dominio privado.

«La explicación de aquel grave error y de esta omisión se halla en que, según el autor del primer proyecto de Bases y de las dignas personas que en esta fecha formaban la Comisión de codificación, la Ley Hipotecaria es una ley *especial;* no en el sentido que la atribuyeron los que intervinieron en su redacción, discusión y aprobación, es decir, como sinónimo de *parcial,* sino en el sentido de ser una ley que ordena relaciones singulares, por ser *mixtas de privadas* y *de públicas,* como las leyes de Aguas, Minas, Caza y Pesca, etc., todas las cuales, aunque tienen enlace y conexión con el sistema general del derecho civil, no forman parte integrante del mismo.

»Por desgracia, este concepto equivocado de la Ley Hipotecaria era a la sazón, y continúa siendo al publicarse estas páginas, el predominante en la enseñanza, en los tribunales y en la práctica judicial, y es también el que se refleja en las diversas publicaciones que de un modo general o especial tienen por objeto explicar o comentar los preceptos de la Ley Hipotecaria.

»Y han contribuido a formarlo, generalizarlo y mantenerlo varias circunstancias, tales como la novedad de los principios en que está informada, radicalmente derogadores de nuestro antiguo derecho civil, inspirado en los principios romanistas de que principalmente venían y vienen nutriéndose desde el siglo XVI nuestros escritores de Derecho y nuestros juristas teóricos y prácticos; las modificaciones que a consecuencia de ellos ha introducido en la antigua legislación española, común y foral; la forma sistemática con que están concebidos y desarrollados sus preceptos; la aplicación casuística y hasta reglamentaria que de dichos principios hicieron sus autores a las diversas ramas del Derecho, y el carácter unitario o uniformador de sus preceptos.»

En 1885, presentóse por el Gobierno otro *proyecto de Bases,* en el cual no se incluye, entre las leyes *especiales,* la Hipotecaria; y además, si bien se llegó a expresar con toda precisión y claridad el pensamiento del legislador sobre la manera como habían de llevarse al Código los preceptos de aquélla, lo cierto es que, no sólo lo revela la omisión notada, sino también el contenido de algunas bases, en las cuales expresamente se alude a los principios de la Ley Hipotecaria, disponiéndose, en lo relativo a las reglas generales sobre los contratos, que debía partirse de la distinción fundamental, propia del sistema inmobiliario alemán, entre el título y los modos de adquirir, y de la cual no se hace mención, ni en el proyecto de 1851, ni en el de Bases de 1881, ni en el de los libros I y II, presentados al Senado en 1882.

Por real orden de 11 de noviembre de 1886, se encargó al Sr. Oliver la redacción de los títulos correspondientes al *Registro de la propiedad* y al *derecho* y *contrato de hipoteca,* para llevar a cabo la incorporación al Código civil de los preceptos sustantivos de la misma. Después de meditar mucho sobre las dificultades que procedían de los distintos modos en que podía entenderse y realizarse esa *incorporación,* presentó la parte primera de su trabajo, en la cual se trataba de la inscripción, de las hipotecas y de la organización de los Registros de la propiedad, y que, con ligeras modificaciones, aprobó la Comisión de Códigos. Pero, ni se incluyó en el Civil, ni se llegó a discutir las partes restantes. Y no se hizo lo primero, porque, reformada la materia en el Código civil, resultaría modificada la Ley Hipotecaria sólo para las provincias en que iba a regir, pero no para las forales, dualismo que era preciso evitar. Los que de ese modo discurrían no cayeron en la cuenta de que el remedio era bien fácil: pues consistía tan sólo en declarar que todo aquello en que resultase modificada la Ley Hipotecaria regiría en todo el territorio. Y lo más singular del caso es que se ha incurrido en el mal que se temía; porque como el Código civil ha alterado en algunos extremos dicha Ley, y no se ha hecho declaración alguna, no obstante haber reconocido el Gobierno su necesidad, sobre la generalidad de su aplicación, resulta el dualismo tan temido, puesto que la innovación no regirá en las provincias forales.

¿Cómo se han llevado al Código civil las doctrinas de la Ley Hipotecaria? Consagrando a la materia dos títulos, en uno de los cuales se consignan principios relativos a las hipotecas, completamente nuevos, incluyendo preceptos secundarios y omitiendo otros importantes, y, sobre todo, reformando sustancialmente artículos de la Ley tan trascendentales como lo son los relativos a la eficacia de la inscripción, naturaleza y extensión de la hipoteca, censos, hipotecas legales y responsabilidad de los Registradores, según lo demuestra cumplidamente el Sr. Oliver, examinando los correspondientes artículos.

Y termina esta segunda parte de su obra el Sr. Oliver dedicando un capítulo a la aplicación de la Ley a Puerto Rico, Cuba y Filipinas, interesantísimo por más de un concepto, pero a cuyo examen hemos de renunciar por lo extenso que va resultando este artículo.

III

Constituyen la tercera parte de la *Introducción* dos capítulos, cuyos asuntos respectivos son el *método* y el *plan* de la obra.

Según el Sr. Oliver, los métodos que hasta ahora vienen empleándose para exponer el derecho positivo son tres: el que denomina *literalista*, el *ana-*

lítico o *exegético* y el *sintético* o *constructivo*, que corresponden a estos otros tres grados de conocimiento: el sensible o vulgar, el relativo y el racional, sistemático o propiamente científico. El seguido por el autor es el último, «que tiene por objeto presentar el conjunto de reglas o disposiciones que componen un Cuerpo legal (Código o Ley), no en la forma primaria o imperativa en que aparecen escritas o promulgadas, sino convertidas o transformadas en instituciones jurídicas y agrupadas entre sí en virtud de cierta trabazón interna, bajo un plan que responda a la naturaleza de las relaciones jurídicas que se propuso ordenar el legislador, y que, sin disminuir ni alterar en lo más mínimo la fuerza coercitiva del precepto escrito, permite comprenderlas y conocerlas con más claridad, precisión y profundidad, todas a la vez en su conjunto y en los detalles; es decir, convertidas en sistema.»

Para demostrar la necesidad de adquirir un conocimiento sistemático de la *Ley Hipotecaria*, aduce consideraciones de índole *doctrinal* y otras de carácter *práctico*. Es la primera de aquéllas el carácter científico o sistemático que tiene la misma Ley, y sobre todo, la condición singularísima de sus preceptos más importantes, en cuanto por ser reproducción, bastante fiel y exacta, de la legislación inmobiliaria alemana, preciso es conocer plenamente este sistema para comprender la verdadera naturaleza de aquéllos, así como para reformarlos en su caso, ya que *«para todas las cosas el progreso consiste en desenvolverse conservando su identidad»*; de donde resulta que «no hay progreso, sino *mudanza*, cuando de lo idéntico se pasa a lo diferente.»

Las consideraciones de carácter *práctico* «arrancan de los resultados que ha producido la preponderancia del conocimiento sensible o vulgar sobre el científico o sistemático, en cuanto al concepto de la Ley y de sus preceptos más importantes, en lo que afecta a la aplicación de los mismos, y en lo que concierne a la insuficiencia de las reformas intentadas o proyectadas en ella para que pueda satisfacer las necesidades sociales que motivaron su promulgación.»

Prueba el erróneo concepto que se forma de la Ley, la generalidad con que se supone que no es ésta otra cosa que un cuerpo legal destinado principalmente a ordenar las relaciones jurídicas, cuyo conjunto constituye el *derecho de hipoteca*, y a organizar los *Registros de la propiedad* al modo de las antiguas *Contadurías*: olvidando que, conforme al sistema alemán, la *Inscripción es uno de los modos de adquirir y trasmitir la propiedad*, así como la trascendencia de los principios de la *sustantividad* o *independencia* de aquélla y el de *legalidad* de los *actos y contratos inscribibles*, cuyas consecuencias se han desconocido o tratado de eludir en la práctica. De ello son testimonio las sentencias, decisiones y resoluciones dictadas por el Tribunal Supremo, el Consejo de Estado y la Dirección del ramo, hasta el año 1871, en que empezó a regir la Ley reformada, y en que hubo de encargarse el Sr. Oliver del Negociado llamado a informar en las resoluciones, ya de observancia general, ya de carácter concreto, procedentes del último de dichos Centros; siendo de notar que muchas de las doctrinas que han inspirado esa jurisprudencia han sido aceptadas por los otros dos elevados Cuerpos y por la Comisión de Códigos; no pudiendo decirse lo mismo de la generalidad de los juristas y aun de los legisladores, que continúan aferrados a los principios tradicionales de nuestro derecho e inspirándose en los tratadistas belgas, franceses e italianos.

Esa carencia del conocimiento científico o sistemático de la Ley Hipotecaria ha sido causa del estacionamiento o petrificación de la misma, cuando de ella se dijo en su día que no era más que el primer paso, el comienzo de una serie de disposiciones encaminadas a dar solidez y firmeza a la propiedad territorial; resultando de ahí su insuficiencia e ineficacia, proclamadas en libros, escritos y documentos oficiales y causa de intentos de novedades peligrosas. Así, habiendo sido España la primera de las naciones no germánicas que adoptó, medio siglo ha, los principios sentados en la legislación vigente en Prusia y en Austria sobre la trasmisión y gravamen de la propiedad territorial, «aparecemos hoy estacionados y petrificados en el camino del progreso legislativo, y hasta rezagados respecto de muchos de aquellos Estados. Porque, en unos, rige ya el sistema germánico, total o parcialmente, como en los cantones suizos de lengua alemana, Rusia, Holanda, la Regencia de Túnez y el Congo, o está próximo a regir, como en los Estados del Imperio alemán que hasta ahora siguen el sistema francés; en muchos otros, se disponen resueltamente a adoptarlo, instalando los organismos que han de servirle de base, como ha sucedido en Italia, o se preparan, a plantearlo, como ocurre en Francia, en donde, por iniciativa de los Gobiernos, se han celebrado Congresos internacionales con este objeto especial, se ha creado una importantísima Comisión extraparlamentaria encaminada al mismo fin, y se han llevado a cabo importantes trabajos para la instalación de aquel sistema en el extenso territorio de la Argelia; y en algunos Estados, como Inglaterra y Bélgica, se nota un marcado movimiento de simpatía hacia el mismo sistema, revelado en los escritos de sus juristas y en los actos de sus legisladores.»

Con el conocimiento sistemático de la *Ley Hipotecaria*, se pondrá de manifiesto y divulgará el origen y fundamento de sus preceptos, especialmente los referentes a la Inscripción y al Registro de la propiedad, se llegará a comprender el gran problema de la aseguración o constitución de la propiedad territorial y del crédito hipotecario, «y por último, se formará una opinión general e ilustrada, fuerte y vigorosa, que obligará a los Poderes públicos a reanudar el movimiento progresivo iniciado en esta parte importantísima de la legislación española hace cerca de medio siglo, sin peligrosas soluciones de continuidad, que son de temer, tanto en sentido retrógrado, de parte de los que, por no haber llegado a conocer científicamente los preceptos de la Ley tomados del sistema alemán, son sus más tenaces adversarios, como en sentido aventurero, por parte de los entusiastas de toda novedad, que les encanta y apasiona, seducidos por la forma atractiva con que se presenta en libros, folletos o periódicos, antes de haber podido estudiarla a fondo y muy reflexivamente en el orden puramente doctrinal y en el experimental o práctico.»

En cuanto al *plan* de la obra, el Sr. Oliver comienza notando cómo y por qué en los pueblos germánicos y anglosajones «las diferencias *naturales* que existen entre las cosas inmuebles y las muebles han influido en la legislación por que se rigen unas y otras, y de una manera tan esencial o fundamental, que la relativa a los bienes raíces ha llegado a constituir un conjunto sistemático, dando lugar a la existencia de un Derecho especial o independiente.»

Cree el Sr. Oliver que con la creación de esta nueva rama de la legislación positiva, el *derecho inmobiliario,* desprendido del llamado *derecho civil,* se dará lugar a que se formen otras, como las del *derecho de obligaciones, derecho mobiliario, derecho de familia* y *derecho sucesoral,* «las cuales llegarán a constituir en el porvenir, sin duda alguna, otros tantos cuerpos de leyes que rijan y ordenen separada y respectivamente grandes grupos o series de relaciones jurídicas.» Y añade que el movimiento de segregación se observa en el *derecho mercantil,* dentro del cual se ha constituido, como ramas independientes, el derecho *cambista* o *cambiario,* el *aseguratorio* y el *marítimo* o *naval.*

Como consecuencia del concepto científico de la Ley Hipotecaria que queda expuesto, el plan según el cual se ha de desarrollar el contenido de aquélla tiene cuatro partes: primera, *constitución de la propiedad territorial y demás derechos reales sobre inmuebles,* en la cual va incluida la materia interesante de la *prueba del derecho de propiedad territorial;* segunda, doctrina relativa a la *Inscripción,* considerada como único *modo absoluto* de adquirir, conservar, trasmitir, gravar y perder los derechos sobre cosas inmuebles; tercera, *derecho de Hipoteca,* con inclusión del censo consignativo, la anticreis y la retroventa; y cuarta, el *Registro de la propiedad,* o sea, el organismo creado como vehículo de la Inscripción.

IV

No obstante lo extenso que es el precedente extracto del libro del Sr. Oliver, está lejos de ser lo preciso para dar idea de obra de tanta sustancia; pero hemos preferido dar el primer lugar a ese sumario y limitar a breves líneas el juicio que sobre ella vamos a escribir a seguida, seguros de que haciéndolos así va ganando el lector.

Ante todo, es de alabar el *rigor científico* con que trata la materia. Lo mismo cuando, en la primera parte, analiza, desentraña, compara y resume el sistema alemán y el francés, que cuando expone y escudriña los antecedentes de nuestro régimen hipotecario, dando a conocer, por cierto, algunos desconocidos para la generalidad, lo hace con una precisión a que estamos poco acostumbrados, y que es testimonio vivo de cómo cabe estudiar el *derecho positivo* de un modo propiamente *científico.* De igual modo, al exponer en la segunda las vicisitudes del planteamiento de la Ley Hipotecaria y las reformas que ha experimentado hasta el presente, mostrando las incongruencias y los vacíos de aquélla, las dificultades originadas de haber basado el nuevo sistema en el antiguo, las producidas por el desconocimiento de la esencia de aquél y las consecuencias de haber dejado fuera del Código la materia del Registro de la propiedad, lo hace con completo dominio del asunto, con carácter rigurosamente sistemático, así en cuanto a la ilación de los hechos, como en cuanto a la expresión del sentido íntimo de éstos.

Gran empeño pone el Sr. Oliver en hacer resaltar lo que podemos llamar la sustantividad del *derecho inmobiliario,* así en la primera parte de su obra como en la tercera. Hace constar en ésta que la creación de esta *nueva* rama de la legislación positiva, desprendida del gran cuerpo de leyes, conocido tradicionalmente con el nombre de derecho civil, dará lugar a que se formen otras, como las del *derecho de obligaciones, derecho mobiliario, derecho de familia* y *derecho sucesoral,* al modo que dentro del *derecho mercantil* se han constituido como ramas independientes el derecho *cambista* o *cambiario,* el *aseguratorio* y el *marítimo* o *naval.*

El hecho es cierto; pero, en nuestro juicio, el Sr. Oliver exagera su significado y sus consecuencias. Acontece con esto lo propio que con la aparición de ciencias nuevas; porque, así como, tratándose de éstas, importa averiguar si la novedad está en el nombre o alcanza al asunto, lo mismo sucede cuando se trata de nuevas ramas del Derecho. Una cosa es el movimiento de diferenciación, que conduce a que de la antigua Historia Natural se segreguen la Zoología, la Botánica y la Mineralogía, y luego de la Zoología surjan la Fisiología, la Anatomía, la Zoografía y, más tarde, de ésta la Entomología, la Ornitología, etc., y otra muy distinta la aparición de ciencias verdaderamente nuevas, como la Biología, o la Sociología. En el primer caso, el asunto ha sido estudiado de antiguo, sólo que por su importancia y por los trabajos hechos sobre él, se constituye en ciencia independiente la que era un capítulo o sección de la existente; mientras que en el segundo se crea una ciencia nueva para la consideración reflexiva de un asunto que antes no ha sido objeto de esta consideración.

Pues eso mismo sucede con las divisiones y subdivisiones del derecho y de las ciencias jurídicas. Cierto, que las distintas ramas del Derecho público: penal, procesal, político y administrativo, constituyen hoy órdenes independientes y en correspondencia con ellos ciencias independientes; mientras que el derecho civil, o sea privado, material o sustantivo, aparece indiferenciado, así en los Códigos como en los tratados de los jurisconsultos, aunque no siempre en éstos; puesto que no faltan libros que se ocupan exclusivamente en el derecho de propiedad, o en el de obligaciones, o en el de familia, o en el de sucesiones, sobre todo, en su historia. El hecho es debido a que, según ha demostrado el Sr. Comas, ni legisladores ni juristas han llegado a hacer una clasificación científica de las instituciones del derecho civil, y unos y otros se contentan con tomar las cosas como están y agruparlas empíricamente en los que denominan: derecho de propiedad, derecho de obligaciones, derecho de familia y derecho de sucesiones.

Ahora bien: aun cuando se constituya con independencia, dentro del derecho civil, el de propiedad, y dentro de éste el *inmobiliario,* o de la propiedad raíz o territorial, ¿puede deducirse que así procede porque las relaciones jurídicas del hombre con las cosas inmuebles son de carácter público, no privado, y que, por tanto, los poderes del Estado, intervienen en ellas para algo más que para garantizarlas y asegurarlas al modo que todas las demás de naturaleza real o personal? El Sr. Oliver así lo cree, y considera que ese sentido ha inspirado el antiguo derecho alemán e inspira el régimen hipotecario de este país, a diferencia del francés; y a esa circunstancia atribuye la sustantividad que tiene el *derecho inmobiliario* entre alemanes y anglosajones. En nuestro juicio, la razón de que se distinga de un modo tan radical entre el derecho *inmobiliario* y el *mobiliario* no es la misma en Alemania que en Inglaterra, ni en la primera es hoy lo que era antes. Obedece en el segundo de esos países a que el feudalismo, sometido y regulado en el orden político, fue como en ninguna otra parte base de organización en el orden civil, y de ahí que la distinción entre la regulación jurídica de unos y otros bienes llegó allí, y subsiste hoy, a un punto trascendental a que no alcanzó en Alemania: al derecho sucesorio, en cuanto imperan, en la herencia intestada de los inmuebles, los principios de primogenitura y masculinidad, y en la de los muebles el de igualdad de particiones.

Y en cuanto a Alemania, ¿qué duda cabe que la antigua *Auflassung* es expresión de que el pueblo germánico consideraba como asunto *público* la transmisión y gravamen de los bienes raíces? Pero preciso es ver cuál es la razón y si ésta subsiste. Y la razón era la misma que dio origen a la *mancipatio* romana, esto es, el derivarse la propiedad de la *civitas*, del Estado, y por eso, además del trasmitente, del adquirente y del *libripens*, funcionario público, asistían a la ceremonia cinco ciudadanos, no como *testigos*, sino como *representantes* de la ciudad. Y de igual modo, la *Auflassung* implica también que la propiedad se deriva o procede de la tribu, de la comunidad rural. Por eso, en ambos casos, el asunto es de derecho *público*, y bien podría decirse que corresponden ambas formas a la transición entre los que llama Hearn período del *clan* y período del *Estado;* pero precisamente la aparición de éste significa la diferenciación del derecho privado del público, y por eso en Roma sustituye a la *mancipatio* la *tradición*. ¿Ha acontecido lo propio en Alemania?

En nuestro juicio, sí; porque una cosa es que allí, como en Inglaterra, aunque por otros motivos, se haya reconocido casi siempre una legislación inmobiliaria, que tiene por único contenido la ordenación de las relaciones jurídicas que el hombre mantiene con las cosas raíces, y otra el suponer que la propiedad de estos bienes tiene con el derecho público una conexión distinta de la que tiene la mobiliaria. La tuvo, es verdad, en aquellos tiempos de la organización patriarcal, en la que la familia, con la amplitud que entonces tenía, continuó siendo *sujeto* respecto de la propiedad inmueble, cuando la mueble había revestido un carácter privado e individual; y la tuvo en el régimen feudal, por la sencilla razón de que es su característica más saliente la fusión de la propiedad con la soberanía;

y la tuvo más tarde, cuando las vinculaciones eran condición de existencia para una aristocracia que tenía poder político, como lo era la amortización para instituciones que lo tenían asimismo; pero hoy no cabe confundir el *derecho* con el *poder*, haciendo depender aquél de éste, como hacían los romanos, o éste de aquél, como hacía el feudalismo. La propiedad, al igual de la personalidad o de la familia, reclama condiciones necesarias para su vida, y ellas constituyen un derecho correspondiente, que el Estado define, garantiza y hace efectivo, lo mismo cuando se trata de la inmobiliaria que de la mobiliaria. Ni siquiera cabe ya hoy decir que, si la primera no es de *derecho público*, tiene en mayor grado que la segunda un *interés público*, porque el portentoso desarrollo de la riqueza mueble, característico de los tiempos modernos, y el referirse a ella de un modo más inmediato y apremiante el pavoroso problema social, muestran bien la inexactitud de tal aseveración [81].

¿Es que de lo dicho se desprende algo que contradiga lo afirmado por el Sr. Oliver, al señalar con singular precisión las diferencias entre el sistema francés y el alemán, entre las antiguas Contadurías de hipotecas y los modernos Registros de la propiedad, entre las *tomas de razón* de aquéllas y las *inscripciones* de éstos; al sostener que la *Inscrip-*

---

[81] Sobre la trascendencia que por algunos se atribuye al valor absoluto de la *inscripción* y sus consecuencias en el porvenir, puede verse el estudio crítico del proyecto de Código civil alemán, hecho por el profesor austríaco ANTONIO MENGER, en su libro titulado: *El derecho civil y el proletariado*, capítulo VI, § XXX.

ción debe tener valor absoluto, ser el único y verdadero título de dominio, producir efectos sustantivos y positivos, tanto entre los mismos interesados como entre éstos y un tercero, y al defender con lógica incontrastable la necesidad de aceptar los principios de *legalidad, publicidad y sustantividad,* característicos del sistema inmobiliario alemán? Nada de eso, porque una cosa es el *significado* de la Inscripción, y otra su *valor.*

Como hemos escrito en otra parte, hay notables diferencias entre las legislaciones hoy vigentes, en cuanto a la manera de transmitir la propiedad inmueble.

Algunos Códigos todavía hablan de justo título y de modo, y otros suponen esta distinción, aunque no la expresan en los mismos términos; pero los más se han apartado de la doctrina romana de la *tradición.* En este respecto, pueden clasificarse las lesgilaciones, por lo que hace a los bienes inmuebles, en cuatro grupos. En el primero, incluimos los que exigen la tradición, entrega o toma de posesión, como requisito indispensable para la trasmisión de la propiedad; en el segundo, los que declaran que ésta se verifica por virtud de las convenciones, ya de un valor absoluto al mero consentimiento, ya establezcan solemnidades especiales para hacer constar éste; en el tercero, los que han sustituido la tradición con la *inscripción* o *trascripción* en el Registro; y en el cuarto, los que combinan estas distintas formas, exigiendo, ya la tradición y las solemnidades, ya éstas o aquélla y la inscripción, o admitiendo un principio para los contratantes y otro respecto del tercero.

Las legislaciones están comprendidas, en esta materia, entre dos extremos representados por el derecho romano y por el Código Napoleón; aquél, partiendo de la doctrina del título y del modo, exigía en todo caso la *tradición;* éste, por el contrario, prescinde de ese dualismo, declarando que la propiedad se trasmite por virtud de la mera convención. Luego los Códigos parece que han retrocido, volviendo al sentido del derecho romano. Pero no es así en realidad, porque la antigua tradición no se originaba de la necesidad de dar publicidad al acto de la trasmisión y de rodear a ésta de todos los requisitos convenientes para asegurarse de su autenticidad, sino que era consecuencia derivada de una doctrina completa y estricta respecto de este punto, la del *título* y el *modo;* al paso que las legislaciones modernas, en el fondo, han venido a consagrar el principio proclamado por el Código Napoleón, apartándose de él en los mayores requisitos que exigen para hacer constar el consentimiento. Y más aún: en muchas de ellas, la inscripción tiene ese mismo carácter, siendo tan sólo una solemnidad que se añade a las otras, un medio de prueba más. Y donde reviste otro distinto, como sucede en los países en que la inscripción sólo es necesaria respecto del tercero y en los que se da a aquélla un valor absoluto, haciendo depender de ella la trasmisión, responde a la necesidad de hacer ésta pública, como lo pide la naturaleza misma del derecho de propiedad, fin que no cumple la tradición, la cual no fue establecida por los romanos con semejante intento. En suma, la propiedad se trasmite por virtud de las obligaciones, por el mero consentimiento; pero como la Ley puede y debe exigir más o menos requisitos o solemnidades para la expresión del mismo, según la naturaleza de los actos jurídicos en que se presta, impone en éste el otorgamiento de escritura pública, o la declaración ante el juez, o la lectura del título en los Tribunales, o la *inscripción* en el Registro, que viene a ser la prueba definitiva e incontestada, además del medio único de dar a la trasmisión la publicidad que exige la naturaleza misma del derecho de propiedad, y cuyo carácter se pondrá más de manifiesto cuando todas las legislaciones lo exijan, no sólo para que la trasmisión perjudique a tercero, sino entre los contratantes mismos; cesando ese dualismo admitido por algunas, que tiene el inconveniente de dejar la propiedad en un estado flotante, puesto que el enajenante, mientras no hay inscripción, sigue siendo propietario para el tercero, mientras que no lo es para el comprador, como sucede en Francia, tan pronto como se celebra el contrato, o en España desde que se entrega la cosa.

En suma: tratándose de los *derechos reales,* del *derecho de propiedad,* al igual que del de la personalidad, en el que tiene aquél su fundamento, se impone la *publicidad,* por la razón de que, respecto de ellos, son sujetos pasivos *todos,* mientras que en los *personales* lo son sólo los *obligados,* y por lo mismo se hace preciso en cuanto a aquéllos un conocimiento que no lo es en cuanto a éstos. Pero se dirá: ¿por qué entonces no se aplica esta doctrina lo mismo a los bienes muebles que a los inmuebles? Porque no es necesario, ni tampoco posible. No es necesario, porque siendo el *Registro* una institución de *garantía* y un *medio de prueba,* ha de haber debida proporción entre el sacrificio que ella impone y el valor de lo asegurado; y claro es que en la generalidad de los casos superaría la entidad de aquél a la de éste. Además, preciso es no olvidar que el derecho, por su propia naturaleza, se adapta a las exigencias sociales, como se adapta la *condición* a lo *condicionado,* y por algo ha surgido la necesidad de crear el Registro, como condición para el crédito territorial, y no ha surgido esa misma necesidad con relación al crédito industrial y mercantil. Y no es posible: porque ¿quién ha de pretender someter a ese requisito las infinitas transacciones de cosas muebles que se verifican a diario, a cada momento? Precisamente, lejos de eso, el legislador tiene que admitir excepciones de los principios generales, para facilitar más aún la trasmisión de algunas de ellas y responder a ciertas exigencias de la vida social, cuando se trata, por ejemplo, de las adquiridas en Bolsas, ferias y mercados, de títulos al portador, etc. Y prueba de que esa es la razón, de la diferencia, es que se ha establecido el Registro de buques, no obstante ser éstos cosas muebles, porque en este caso es posible y necesario.

Y aquí hacemos punto, porque se va haciendo interminable este artículo. Renunciamos, pues, a entrar en el examen de algunos otros extremos en que habríamos de poner algún reparo a las doctrinas del señor Oliver, como, por ejemplo: el relativo a la teoría de la división del dominio en *directo* y *útil,* ya que no opinamos que sea el primero, en el orden jurídico, «la propiedad más sagrada y respetable»; y el referente a los métodos para exponer el derecho positivo, ya que, conformes en la apreciación de los tres, llamados comúnmente: narrativo, exegético y dogmático, y por él: literalista, analítico o exegético y analítico-sintético o constructivo, no podemos estarlo en la relación que establece entre ellos y los grados de conocimiento que denomina: sensible o vulgar, relativo y racional, sistemático o propiamente científico. Y terminamos haciendo votos por que el Sr. Oliver continúe y acabe una obra que tanto honor hace a la moderna literatura jurídica española, y de la cual el ilustre Pérez Pujol, el primero de nuestros civilistas y de nuestros modernos historiadores, decía: «Según Ihering, basta por ahora de análisis y comentarios; es tiempo de volver la vista a los principios, al conjunto. Pues bien: en la Ley Hipotecaria, por hablar según el uso, la necesidad se hacía sentir más, porque la síntesis no había aparecido nunca: es el Sr. Oliver el primero que la trae.»

VI

Apéndice

A. Una memoria de cátedra ejemplar*

I
Objeto de la introducción

Antes de comenzar el estudio de una ciencia, es de rigor, como siempre que intentamos llevar a cabo cualquier obra, formarnos idea clara de aquello que vamos a hacer, de su extensión y límites, de las partes que comprende, del procedimiento para llevarlo a debido término, de los medios que podemos al efecto utilizar y aún también del modo de comunicar el resultado de los esfuerzos hechos para realizar nuestro propósito.

Ahora bien; para llenar, con relación a una ciencia, esta condición previa, es preciso determinar: primero, el *objeto* de la misma: segundo, las *relaciones* de aquel con los que son asunto de otras ciencias, especialmente de las afines, y por tanto

---

* *Ensayo de una introducción al estudio de la Legislación comparada y programa de esta asignatura,* en *Revista General de Legislación y Jurisprudencia,* t. 44, 1871, 1.ª parte, páginas 81-112.

los límites entre unas y otras: tercero, el *plan*, según el cual debe ser desenvuelto y tratado todo el contenido de la esfera de conocimiento, cuyo examen nos proponemos hacer: cuarto, el *método de investigación*, o sea la dirección que deba seguir nuestro pensamiento en el estudio y exposición del objeto de la ciencia: quinto, los medios conducentes a este fin, o lo que es lo mismo, las *fuentes de conocimiento;* y sexto, el modo de comunicar el resultado de la aplicación de tales menos, esto es, el *método de enseñanza* [1].

Sólo haciendo todo esto podemos formar un concepto claro y completo de la ciencia, cuyo estudio nos propongamos, y entrar en la consideración y examen de su contenido con los datos y antecedentes necesarios, para que sean fructuosos nuestros esfuerzos.

Dar solución, en cuanto nos sea posible, a estas cuestiones previas respecto de la ciencia de la *Legislación comparada*, es el objeto de este *Ensayo*.

---

[1] De estos seis extremos, los cuatro primeros constituyen el razonamiento del *Programa*, y los dos últimos el contenido de la *Memoria*, presentados hace dos años por el autor de este *Ensayo* para tomar parte en la oposición a la cátedra de *Legislación comparada* de la Universidad de Madrid, que actualmente desempeña. Por esta razón no omitimos el relativo al *método de enseñanza*, ya que por creerlo de alguna utilidad para esta, dado el estado en que se encuentra entre nosotros esta ciencia, y no por el valor que en sí mismo tiene, publicamos este trabajo.

II
Objeto de la Legislación comparada

§ 1.

Cuando una ciencia no tiene otra denominación que la de su mismo objeto, puede discutirse acerca de la naturaleza de éste; pero no caben dudas respecto al asunto de aquella. Así, al decir ciencia del Derecho, cabe disentir en cuanto al concepto del Derecho; pero sea este el que quiera, afirmamos que todo lo que sea derecho es asunto de aquella ciencia; ni más, ni menos. Pero hay ciencias que son conocidas con una denominación nacida de circunstancias históricas, a veces causales; y entonces, antes de dilucidar lo referente al carácter de su asunto, es preciso determinar cuál sea éste, puesto que no se desprende desde luego de su sola denominación: sirvan de ejemplo la Metafísica y la Economía política. Pues bien; la *Legislación comparada*, ni tiene una denominación tan precisa, que sea fácil determinar, sólo en vista de ella, su objeto; ni es tan extraña a su propio asunto, que no sea posible tomarla por guía para declararlo, sin perjuicio de ulterior confirmación. De aquí que debamos, de una parte, procurar aclarar el sentido de los términos que forman la expresada denominación; y de otra, ver de confirmar o rectificar el resultado que nos ofrezca, examinando cómo ese objeto se nos ofrece en el asunto total de la ciencia del derecho y en qué relación con cada uno de los particulares que estudian las demás ciencias jurídicas, que con la *Legislación comparada* constituyen la Enciclopedia de este género de conocimientos.

§ 2.

Dos términos comprende la denominación de esta ciencia: el uno jurídico, el otro lógico. Decimos que es jurídico el primero, porque si bien en el lenguaje común aplicamos el término *ley* a los distintos órdenes de la realidad, nunca hacemos lo mismo con el de *legislación;* así hablamos frecuentemente de las leyes naturales, de las leyes lógicas, etc.; pero no de legislación lógica, ni natural. Pero, aun dentro de la esfera jurídica, empleamos este término sólo en uno de los órdenes que comprende, haciendo la distinción, ya notada, entre ley o leyes y legislación; por esto, siempre que nos ocupamos del Derecho en la esfera de las ideas o de los principios, hablamos de leyes eternas, de ley de vida, etc., mientras que cuando se trata del De-recho positivo y temporal, nos servimos indistin-tamente de uno u otro término, y así decimos lo mismo leyes españolas que legislación española. Resulta, pues, en cuanto al primer término, que se refiere al Derecho, pero no a todo él, sino al Derecho efectivo e histórico; pues, aun cuando a veces empleamos este término con referencia a derecho no constituido, no *puesto,* como al hablar de la Ciencia de la Legislación, nótese que aún en este caso no nos movemos en la esfera exclusiva de las ideas, sino que, por el contrario, pensamos en la aplicación *práctica* de principios y en su desarrollo en leyes.

Decimos que es el segundo un término lógico, porque la *comparación* es una operación del entendimiento, que se aplica constantemente y a todas las esferas. Pero la *comparación* puede hacerse de dos modos; o refiriendo, poniendo enfrente, por decirlo así, los dos objetos que se comparan, o refiriendo uno después de otro a algo distinto de ellas y común a ambos, y comparando enseguida los resultados de la primera operación. Ahora bien, ¿cuál de estas dos comparaciones pide la denominación de la ciencia que estudiamos? Parece que ambas, mejor dicho, sólo la segunda, que lleva envuelta en sí la primera. En efecto, al hablar de *comparar dos legislaciones,* surge, ante todo, la idea de que es para estimar su bondad o justicia respectiva; lo cual no puede alcanzarse con la mera comparación de las mismas entre sí, sino que es necesario referirlas a algo superior a ambas: y al mismo tiempo, hecho este doble juicio, se produce de suyo la comparación directa de las dos legislaciones, antes referidas a un tercer término; siendo de notar, que, aun cuando se entendiera la comparación directa de dos legislaciones, siempre sería precisa un elemento *a priori,* puesto que sin él es de todo punto imposible determinar y deslindar, por ejemplo, una institución jurídica, ni compararla con la misma de otra legislación, en cuanto es necesario conocer los elementos esenciales que la constituyen, para estimarlos en su debida relación en cada una de sus manifestaciones, y poder caracterizar la de cada país o la de cada época por la distinta combinación de aquellos elementos o predominio de uno de ellos.

Resulta, pues, que atendiendo al sentido general de los términos, el asunto de la *Legislación comparada* es el juicio del derecho histórico, de cada una de sus manifestaciones, y la comparación de las mismas entre sí; siendo de notar que de la denominación de esta ciencia no se deduce que tal estudio haya de limitarse ni a una esfera particular de la legislación, con exclusión de las demás, ni a una época o período determinado de la Historia del derecho.

§ 3.

Veamos ahora si entre los elementos y aspectos que se dan en el Derecho, encontramos uno que corresponda al que resulta del análisis hecho y que sea distinto de los demás, y éstos como aquel asuntos particulares de las ciencias, que constituyen la Enciclopedia jurídica.

El Derecho, después de ser considerado en su unidad como todo y absoluto, puede serlo en sus determinaciones, que son: la una eterna, la otra temporal; aquella, que hace referencia al derecho tal como se muestra a la razón, al derecho necesario, universal e inmutable, al derecho considerado en su idea y principio; ésta, que se refiere al derecho que se realiza en la vida, al derecho contingente, particular, variable, al derecho considerado en sus hechos y fenómenos. El primero, el derecho eterno, es asunto de la *Filosofía del Derecho,* como lo es de toda filosofía particular un objeto dado en lo que tiene de necesario; como sucede, por ejemplo, con la Filosofía de la Naturaleza y con la Filosofía de la Moral. El segundo, el derecho temporal, es el objeto de la *Historia del Derecho,* como lo es de toda historia particular un asunto dado en lo que tiene de contingente; por ejemplo, la Historia de la Humanidad, la Historia de la Ciencia, etc.

Pero estos dos aspectos se nos muestran distintos, pero no separados; y por lo mismo es preciso estudiar las relaciones que se dan entre ellos y no dejar, como de un lado, el derecho eterno, universal, inmutable, y como de otro, el derecho temporal, particular y variable; es necesario considerar las relaciones entre los principios y los hechos, que estudian respectivamente la Filosofía y la Historia del derecho; no pudiendo menos de darse aquellas, puesto que los principios absolutos dominan los hechos que, si quedaran del todo fuera de aquellos, vendrían a negar su naturaleza; y al mismo tiempo los hechos son la materia concreta, en que se realiza la esencia de un ser o de una propiedad, aquí del derecho, y precisamente por qué son manifestación del derecho eterno, de los principios del derecho, los consideramos como hechos jurídicos. De aquí nace la posibilidad de aplicar los principios a los hechos, lo racional del derecho a lo sensible del mismo; y como esto no toca a ninguna de las dos ciencias jurídicas notadas, cada una de las cuales estudia el derecho exclusivamente en uno de sus aspectos, el eterno y el temporal, es la referida aplicación de lo permanente del derecho a lo transitorio del mismo objeto de una nueva ciencia, ciencia compuesta e intermedia entre la Filosofía y la Historia, y a la vez independiente y distinta de ambas: la *Ciencia filosófico-histórica del Derecho.*

Mas el objeto de esta ciencia compuesta tiene dos partes claramente distintas. Al aplicar los principios eternos del Derecho a los hechos y vida temporal del mismo, por lo mismo que éstos son relativos y manifestaciones sucesivas de la inagotable esencia de aquel, lo primero que ocurre es declarar, como resultado de la aplicación, hasta qué punto el derecho temporal conforma con la que llamamos principios eternos de justicia, y de aquí la *crítica* o *juicio* del Derecho histórico, del Derecho positivo; y luego determinar, en vista de lo realizado y de lo que resta por realizar, el sentido en que debe continuarse el desenvolvimiento de los hechos; en una palabra, la *reforma* del derecho histórico o positivo. Ahora bien; estas dos partes del objeto total de la *Ciencia filosófico-histórica del Derecho* son el asunto particular respectivamente de las dos ciencias en que aquella se divide; el *juicio* según principios de los hechos jurídicos, del Derecho positivo o de las Legislaciones, es el asunto de la ciencia de la *Legislación comparada;* la *reforma*, según principios también, de los mismos hechos es el asunto de la *Ciencia de la Legislación* [2].

Antes de dar por terminado este punto, debemos hacer notar que, lejos de confundir la *Ciencia filosófica-histórica* con la *Filosofía de la historia*, consideramos que ésta, ocupándose como se ocupa de lo que hay de permanente en la historia, en tanto que la vida es, al mismo tiempo que un continuo mudar, una propiedad esencial y necesaria, es una ciencia puramente filosófica, y por lo mismo parte de la Filosofía del Derecho, a la que toca estudiar cuanto hay de permanente en el Derecho, y por consiguiente, los principios o leyes que presiden a su desenvolvimiento histórico; correspondiendo a la Historia la exposición de este desarrollo, y a la Ciencia filosófico-histórica el juicio del mismo y la declaración de su reforma. Por esto la *Filosofía de*

---

[2] O *Nomotesia*, como algunos la llaman.

la historia, para afirmar, por ejemplo, la variedad de las manifestaciones del Derecho como una ley histórica, no ha menester de los datos y de la experiencia sensible, sino que la deduce de los conceptos racionales del derecho, de la vida, de la individualidad, etc.; mientras que a la *Legislación comparada* y a la *Ciencia de la Legislación* son tan necesarios los hechos, materia del juicio para la primera y dato obligado para la segunda, como los principios, base de criterio para ambas. Por esto, pues, decimos que estas dos ciencias son compuestas, al paso que la *Filosofía de la historia del Derecho* es ciencia puramente filosófica, como a su vez, y por opuestas razones, la *Historia de la filosofía del Derecho* es puramente histórica.

Resulta, pues, que conforman los resultados de ambas investigaciones, y podemos, por tanto, determinar el concepto en la *Legislación comparada,* diciendo que esta ciencia estudia y considera las distintas manifestaciones temporales del Derecho, para juzgarlas según principios, y comprobar los que presiden al desenvolvimiento histórico del mismo, donde va envuelta la existencia de la comparación directa de las diferentes legislaciones producidas en la historia.

Por esta razón no podemos aceptar la opinión de aquellos que circunscriben el asunto de la *Legislación comparada,* de una parte al Derecho civil, y de otra al Derecho positivo vigente: limitaciones ambas que no tienen fundamento alguno, según hemos visto, y que no pueden deducirse, ni de la denominación de esta ciencia, ni del lugar que ocupa entre todas las jurídicas. Así con el nombre de

Legislación comparada son conocidos los trabajos de Antoine de Saint-Joseph, de Ortolan y de Laboulaye, no obstante referirse los del primero al derecho civil y al mercantil, los del segundo al penal y los del último al político. Por esto también Lerminier da la misma denominación a su Estudio sobre el derecho político de Roma desde Augusto a Cómmodo, así como Carpentier a los suyos sobre la Legislación pagana y cristiana. Y por esto, finalmente, el ilustrado y distinguido profesor, que durante muchos años ha desempeñado esta cátedra en la Universidad de Madrid, el Sr. Montalbán, explicaba esta ciencia, entendiéndola en este respecto tal como nosotros la entendemos, y siendo por lo mismo objeto de sus notables explicaciones la Legislación romana, la germánica, la feudal, etc., y en todas sus ramas o esferas [3].

III
Relaciones de la Legislación comparada con las ciencias afines

§ 1.

Esta ciencia es, de un lado, filosófico-histórica, y, de otro, jurídica; por consiguiente, las relaciones, que importa determinar, son las que mantiene con las que tienen uno u otro de dichos caracteres.

---

[3] Esta misma extensión da también a esta ciencia el barón Federico de Portal en la obra comenzada a publicar en el año próximo pasado con el título de *Política de las leyes civiles o Ciencia de las legislaciones comparadas*. Tomo 1.º, 1876, París.

§ 2.

Como ciencia *filosófico-histórica* tiene de común con todas las de este género su naturaleza de ciencia compuesta, y así es en la esfera del Derecho, lo que las análogas son en la Moral, en la Religión, en la Industria, etc.; todas tienen por objeto de la aplicación de los principios a los hechos. Pero tiene de distinto el objeto particular a que se limita a esta aplicación; en la *Legislación comparada* se ponen en relación principios y hechos jurídicos, mientras que en las otras esferas se establece aquella entre hechos y principios morales, económicos, religiosos, etc. De aquí la limitación de esta ciencia al orden puramente jurídico; pero de aquí también la relación y analogía del estudio comparado de las legislaciones con el examen también comparado de las costumbres, de los sistemas, de las relaciones, etc.

§ 3.

De más interés y trascendencia es el determinar la relación de la *Legislación comparada* con las otras ciencias jurídicas.

Ocupándose cada una de éstas de un aspecto particular del Derecho, necesariamente han de darse en cierto orden de razón, bajo cuyo punto de vista puede discutirse acerca de la prioridad entre la Filosofía y la Historia del Derecho, aunque no parece dudoso que toca a la primera, puesto que una cosa se conoce antes en sí misma que en sus manifestaciones, y por esto la Historia supone la Filosofía, y no al contrario; pero respecto de la ciencia de que nos ocupamos, no cabe duda. Como rama de la filosófico-histórica es compuesta, según hemos visto en otro lugar, y por consiguiente claro es que supone necesariamente así la Filosofía como la Historia del Derecho. Aquella, mediante los principios y las leyes que investiga, da a la *Legislación comparada* la base y el *criterio* del juicio que ha de formular; ésta le da los hechos que han de ser *materia* de ese juicio. De aquí que interesen también a la *Legislación comparada* las ciencias análogas a las dos jurídicas, de las que es como composición. Es decir, que en el cultivo de aquella ciencia ha de reflejarse el influjo que en el de la Filosofía del Derecho ejercen la Filosofía primera y las especiales, así como el que en la Historia del Derecho ejercen la Historia general y las particulares, principalmente las relativas a los distintos fines de la vida, como la Filosofía y la Historia de la ciencia, de la industria, del arte, de la religión y de la moral.

§ 4.

Pero es necesario deslindar con más detención la Historia del Derecho y la *Legislación comparada*. Puede parecer, que si ésta no tiene otro objeto que el *juicio* de los hechos jurídicos, de la vida efectiva del Derecho, queda dentro del asunto de la Historia, puesto que ésta, según algunos, no alcanza el carácter de ciencia sino mediante la intervención de un elemento racional o filosófico; y si esto fuera cierto, la *Legislación comparada* dejaría de tener un valor sustantivo y propio, y quedaría confundida con la Historia del Derecho.

La solución de esta dificultad estriba, en nuestro juicio, en averiguar si la *Historia del Derecho,* circunscrita a la esfera que en su lugar señalamos, a la esfera de los hechos y de la vida efectiva, es realmente una ciencia; y para resolver esta duda no cabe seguir otro camino que ver si son posibles, respecto de ella, las condiciones de la ciencia; o lo que es lo mismo, si el conocimiento puramente histórico puede ser sistemático, verdadero y cierto.

En primer lugar, el conocimiento histórico es tan real como el filosófico; el conocimiento de un hecho, tal como es y por tanto explicado en sí mismo y en todas sus relaciones, es tan acabado y propio como el de un principio, aunque cada uno a su modo. En segundo lugar, el conocimiento histórico es *sistemático,* porque los hechos, como la vida, son orgánicos y se dan unidos y distintos mediante la causa que los produce y la recíproca influencia de los unos sobre los otros; y si bien es cierto que en la historia los hechos no se *demuestran,* en tanto no se dan en la relación de consecuencia a principio, también lo es que se *muestran* ordenados y unidos en la relación de efecto a causa. Es asimismo el conocimiento histórico *verdadero;* la verdad de hecho es tan verdad como la de principio; ésta lo es siempre, aquella sólo desde que se produce; pero una vez producido, su verdad subsiste eternamente; es decir que, según la frase de un filósofo, hay verdades que nacen, pero no las hay que mueren. La historia del derecho no es la sustancia del derecho, como se ha dicho; el hecho no es la única esencia, como sostienen los empíricos, ni tampoco un puro accidente, como afirman los idealistas; la esencia y sus manifestaciones no están separadas, y por esto el hecho es algo esencial, y su conocimiento es el propio de la historia, que por lo mismo tiene valor científico. Por último, el conocimiento histórico es *cierto;* es decir, que es posible asegurarse de la verdad del hecho, mediante todos los medios y garantías que producen la certidumbre histórica.

Resulta, pues, que la *Historia del Derecho* reúne todas las condiciones que se exigen al conocimiento para que sea científico, y por consiguiente, que sin salir de la esfera de los hechos, sin hacer otra cosa que exponerlos y mostrarlos tales como se han producido, cumple su misión y reviste el carácter de ciencia.

Demostrado esto, fácil es hacer ver cómo es distinta de la Historia del Derecho la *Legislación comparada.* Aquella, ciencia de puro hecho, supone la filosofía, pero ella no tiene nada de filosófica; ésta, ciencia compuesta, no sólo supone la filosofía, sino que de ella recibe el *criterio,* con que ha de *juzgar* los hechos que la historia expone y muestra, pero que no juzga.

§ 5.

Réstanos, para terminar esta parte, hacer notar que la *Legislación comparada* y la *Ciencia de la Legislación* tienen de común el ser ambas filosófico-históricas y en tanto compuestas; y de distinto el referirse la primera a la vida jurídica producida, y la segunda a la vida por producir. Ambos reciben algo de la filosofía; la una el *criterio,* la otra el *ideal;* y ambas reciben de la historia los hechos, que son para la una *materia de juicio,* y para la otra *base de reforma.*

IV
Método de investigación para el estudio de la Legislación comparada

§ 1.

De lo que queda dicho, así respecto del objeto de la *Legislación comparada* como de la relación de esta ciencia con las restantes jurídicas, se deduce el *método* que debe seguirse en el estudio de aquella. Si supone como anteriores la Filosofía y la Historia del Derecho, en un desarrollo ordenado y completo de la Enciclopedia de las ciencias jurídicas, la *Legislación comparada* no tendría que acudir a la *razón,* como fuente inmediata de conocimiento *filosófico,* ni a la *experiencia,* como fuente inmediata de conocimiento *histórico,* sino que, utilizando el resultado de la aplicación de estas fuentes y métodos respectivos, obtenido por las ciencias correspondientes, la Filosofía del Derecho y la Historia del Derecho, acudiría a una tercera fuente, a la del conocimiento *aplicado,* que no es la pura razón, ni es la pura experiencia, sino la unión de la observación y de la especulación, en correspondencia con la unión, en la realidad, de lo eterno con lo temporal, de lo permanente con lo variable, de lo que pasa con lo que es. Entonces, no haría la *Legislación comparada* otra cosa que exponer ordenadamente el *juicio* que diera por resultado la aplicación del criterio filosófico al material histórico, dando por formato el primero y por reunido y ordenado el segundo.

§ 2.

Pero las condiciones de la enseñanza oficial, tal como se encuentra organizada, llevan consigo otras exigencias. Expónese la *Legislación comparada* en el último período de los estudios jurídicos; mas entre todos los que preceden al de aquella ciencia no se hallan, ni la Filosofía del Derecho, ni la Historia del mismo, sino que se limitan, por lo que hace a la esfera histórica, al del Derecho positivo español, en todas sus ramas, con más las legislaciones romana y canónica, y a algunos elementos de Derecho natural en cuanto a la filosófica. De aquí resulta la imposibilidad de entrar desde luego en el examen crítico y según principios de las legislaciones, puesto que los alumnos, ni pueden haber formado un criterio de juicio, habiendo estudiado antes tan sólo elementos de Filosofía del Derecho y no haciéndolo más profundamente sino a la par que cursan la *Legislación comparada,* ni conocen otras legislaciones que la española y en parte la romana y la canónica. Esta circunstancia obliga a seguir otro método, algún tanto distinto del que como ideal dejamos indicado.

De una parte, es preciso sentar, con la brevedad posible, los principios que han de servir de criterio, para juzgar las distintas instituciones jurídicas; pero teniendo presente que los alumnos han oído explicar los elementos del *Derecho natural* al comienzo de sus estudios y que durante todos ellos han tenido ocasión de aplicar, más o menos, un criterio racional a las legislaciones que han estudiado, puesto que con frecuencia suele acompañar a la exposición del Derecho positivo el juicio de las instituciones que comprende. Por consiguiente, la excursión al campo de la Filosofía del Derecho debe encerrarse en los límites que son consecuencia de esta consideración.

Hay, sin embargo, una parte, que pide ser tratada con más extensión y detenimiento. Decíamos antes que el estudio de lo que hay de esencial en la Historia del Derecho, de los principios y de las leyes que presiden al desenvolvimiento del mismo, tocaba a la Filosofía del Derecho, y como esta parte es la que menos considerada y estudiada ha sido con anterioridad, y al mismo tiempo es de sumo interés y constante aplicación en el examen y juicio de las *legislaciones,* síguese de aquí la necesidad de detenerse algún tanto más en el estudio de estos principios y leyes, objeto de la Filosofía de la Historia del Derecho.

En muy distinto caso se encuentra la Historia del Derecho o de las legislaciones. Por las razones antes expuestas, no sólo es imposible dar éstas por sabidas y proceder desde luego a *juzgarlas,* sino que es de todo punto imprescindible *exponerlas* por entero, si bien con más o menos extensión, según su importancia respectiva y según que antes hayan sido o no objeto de estudio para los alumnos. Es decir, que el estudio de la *Legislación comparada* exige como condición el de la Historia universal del Derecho, porque respecto de ésta no hay los motivos que al ocuparnos de la Filosofía del Derecho nos autorizaban a circunscribir dentro de ciertos límites el estudio previo de su asunto, puesto que la Historia de la Legislación es estudiada sólo en una pequeña parte, y aun ésta dentro de límites dados y bajo aspectos determinados; siendo de notar otra diferencia esencial, y es, que ejercitándose nuestra inteligencia en la esfera filosófica sólo con datos de *razón,* ha podido muy bien el alumno, con ocasión de todo el estudio anterior, formar más o menos un *criterio* jurídico, o por lo menos tiene su espíritu en disposición de formarlo fácilmente con el auxilio de algunas explicaciones; pero como los datos para el conocimiento histórico son sensibles y proceden de la *experiencia,* es de todo punto imposible dar por supuesto lo que no se ha visto ni oído, y sería ilusorio el pretender trazar dentro de estrechos límites aquello que los reclama más amplios y que sólo con esta condición puede ser *materia* del juicio, que toca formular a la ciencia de la *Legislación comparada.*

En vista de esto, ocurren dos cuestiones; la una relativa a si debe exponerse la historia de la legislación previamente, dejando para luego su examen crítico, o si deben llevarse a la par la exposición y el juicio; la otra referente al método que en todo caso debe seguirse al desarrollar la Historia del Derecho.

§ 3.

Respecto de la primera no parece dudosa la solución; pues, aunque se nos presenta este estudio *histórico* del Derecho como un antecedente y dato previo para el ulterior de la *Legislación comparada,* y por consiguiente debía formar aquel con el filosófico un verdadero *preliminar* al estudio de la ciencia de que nos ocupamos, salta a la vista el inconveniente de desarrollar primero la historia de las legislaciones y haber de recordarlas de nuevo más tarde para juzgarlas, así como la ventaja de hacer ambas cosas a la par; esto es, exponer sucesiva y ordenadamente las legislaciones y examinarlas a seguida, con lo cual la *Legislación comparada* de *hecho* se diferenciaría de lo que, según hemos visto, es esta ciencia en *idea,* sólo en que adquirirá un carácter histórico más acentuado, al tener que exponer como de nuevo el contenido de las legislaciones, que en otro caso no hubiera hecho más que *juzgar* y *comparar.*

§ 4.

La segunda cuestión tiene dos partes: una común a las historias de los fines particulares de la vida y a la historia general de la humanidad, y que se refiere al orden en que debe presentarse el desarrollo de las legislaciones de los distintos pueblos y tiempos; otra, peculiar hasta cierto punto de la historia jurídica, y que se refiere al modo de estudiar y exponer cada una de las expresadas legislaciones.

En cuanto a la *primera,* los métodos, que es posible seguir, pueden reducirse a tres: el cronológico, el geográfico y el sincrónico [4]. El primero tiene sólo en cuenta el tiempo, el segundo el espacio, el tercero ambos a la par. El *cronológico* tiene el inconveniente de que lleva consigo la necesaria y continua interrupción de la historia de la legislación de cada pueblo; el *geográfico,* por el contrario, separa completamente esas mismas legislaciones particulares, y siguiendo este método, más que una historia universal del Derecho, se forma una suma de historias particulares del mismo; el *sincrónico* lleva, por decirlo así, de frente el estudio de todas las legislaciones, comprendiendo las de todos los pueblos y todos los tiempos. Dividiendo la historia en edades, períodos y épocas, cada cual con su carácter propio, se puede mediante el mismo aspirar, ya que otra cosa no es posible hoy, a formar la Historia del Derecho de la humanidad como un todo desarrollado orgánicamente.

Sin embargo, es preciso tener en cuenta que no es, ni igualmente posible, ni del mismo modo necesario, seguir este método respecto de todas las épocas de la legislación; sino que esto lo determinan, de una parte, lo más o menos conocidas que son las relaciones entre las de unos y otros países, y de otra, las mayores o menos analogías y los caracteres comunes que aquellas tienen. Así, por ejemplo, está en muy distinto caso, bajo este respecto, la

---

[4] A los cuales añaden algunos el *etnográfico,* el cual toma como base la raza y tiene inconvenientes análogos a los del geográfico.

legislación de Oriente que la de la llamada Edad media o la de la moderna.

Relativamente a la *segunda* parte de la cuestión, pueden reducirse todos los métodos usuales de tratar la historia del derecho a tres: el meramente *narrativo,* el *exegético* y el *dogmático.* El primero se limita a exponer los hechos jurídicos, sin atender a sus causas y relaciones; el segundo expone el contenido de las leyes, Códigos y demás disposiciones legales, mediante la exégesis y los comentarios de los textos; el tercero, después de determinar *a priori* las distintas instituciones jurídicas, toma, por decirlo así, de las legislaciones todo lo relativo a cada una de aquellas y lo expone según las exigencias del cuadro previamente trazado.

Teniendo presente lo que en otro lugar hemos dicho acerca de las condiciones, mediante las cuales el conocimiento histórico tiene valor científico, no dudamos afirmar que el método meramente *narrativo* no las llena. Antes de ser descrito y narrado el hecho, necesita ser indagado, explicado e interpretado, y para esto es preciso, no sólo conocerlo en su manifestación sensible y última, sino también en todas sus relaciones y principalmente en la de efecto o causa.

El método *exegético* satisface algunas de estas exigencias, pero no todas; puesto que, si bien procura penetrar el sentido de las disposiciones y textos legales al comentarlos, se sujeta a estos, considerándolos como el resumen de toda la vida jurídica de un pueblo o de una época, descomponiendo así todo el orden en que aquella se ha sucedido, para amoldarlo al sistema de una ley o de un Código, entre cuyos artículos viene como a distribuir en porciones la historia de la legislación de un país o de un período; olvidando además fuentes importantísimas de Derecho, como la costumbre y la jurisprudencia.

El *dogmático* llena quizá todas las condiciones referidas cuando se estudia una institución jurídica determinada, pero indudablemente tiene el inconveniente, tratándose de la Historia toda del Derecho, de que desliga lo que en la vida jurídica se muestra y produce unido, y viene así a arrancar de las legislaciones una parte tras otra, para presentar cada institución como de una pieza, con lo cual, si a veces gana la claridad de la exposición, pierde las más la verdad histórica, que pide se muestren los hechos jurídicos en la relación orgánica en que se dan en la vida.

De aquí, que, a ser posible, el método procedente sería el que reuniera la exposición del narrativo, la interpretación del exegético y la explicación del dogmático, y además el respeto a la verdad histórica que, como acabamos de decir, exige que el derecho positivo se exponga en la forma y orden en que se ha producido, y no según uno formulado *a priori*.

Esto, no obstante, nosotros no nos encontramos con fuerzas, ni disponemos de elementos suficientes, para exponer según las exigencias de este método el plan de la Historia del Derecho que ha de servir de base al estudio de la *Legislación comparada*. Podríamos quizá intentarlo respecto de legislaciones, que, como la romana, han sido profunda y extensamente investigadas por tantos y tantos jurisconsultos e historiadores del Derecho; o que, como las modernas, pueden ser estudiadas de una manera más o menos completa; pero en vano querríamos hacer lo mismo respecto de las que no se encuentran en este caso. Por esto y no estimando conveniente seguir a un tiempo dos métodos, uno para unas legislaciones, otro para otras, damos la preferencia [5] al que, según queda dicho, consideramos menos defectuoso; es decir, al *dogmático.* Y para evitar, hasta donde sea posible, sus inconvenientes, procuraremos relacionar constantemente la historia de cada institución jurídica con las de las demás y hacer notar la respectiva importancia y el distinto desarrollo de cada una, así como el orden en que se desarrollan en la vida, siempre que esto sea para nosotros hacedero; modificando, por tanto, en determinados casos el orden establecido *a priori* que seguiremos en lo general.

V

Plan de un curso de Legislación comparada

Una vez determinados el *objeto* de esta ciencia, las *relaciones* que mantiene con las demás jurídicas, y el *método* que debe seguirse en su estudio, podemos entrar en el examen del *plan,* según el cual debe desenvolverse el contenido de la misma.

---

[5] Como se verá en el *Programa,* que seguirá a esta *Introducción.*

Primera parte

Introducción y preliminar

§ 1.

Las mismas razones que, según dijimos al comenzar este trabajo, exigen que al estudio de toda ciencia preceda la determinación de su objeto, relaciones, método, etc., obligan también a colocar como primer punto del plan la consideración de todas estas cuestiones, que con la relativa al mismo plan, que en este lugar debe ser expuesto, la referente a la utilidad, así científica, como práctica, de esta ciencia, y las indicaciones generales acerca de la historia de la misma, constituyen lo que podemos denominar la *Introducción* al estudio de esta ciencia. Todos estos puntos, concepto, clasificación, relaciones, plan, método, utilidad e historia, hacen referencia a la ciencia que estudiamos bajo un punto de vista general, y es necesario su estudio para formar un concepto claro de la misma, condición precisa para el examen de todo lo ulterior.

§ 2.

A esta *Introducción* debe seguir un *Preliminar,* que es la primera parte del plan que en aquella ha debido quedar expuesto. El fin de este *Preliminar* no es otro que el de llenar una de las exigencias del método expuesto en otro lugar, consecuencia, de una parte, del carácter de la *Legislación comparada,* y de otra, de la organización de la enseñanza oficial; pues tiene por objeto la exposición sucinta de los *principios* relativos a cada institución jurídica, de las *leyes* que presiden al desarrollo del Derecho y de las *condiciones científicas* de la historia y división de la misma. De aquí que tenga tres partes, que denominamos *filosófica, filosófico-histórica* e *histórica,* no debiendo entenderse [6] estos términos en su estricto significado, lo cual conduciría a error, sino en cuanto indican en general el carácter distintivo de cada una de estas secciones.

§ 3.

Comienza la primera parte por el examen del concepto del Derecho, base de todo lo ulterior; y en este punto ha de considerarse la grave cuestión relativa a si hay más derecho que aquel en cuya realización interviene o puede intervenir el Estado, de cuya solución depende la división que se haya de hacer del Derecho. La consignada en el Programa parte del supuesto de que, cualquiera que sea el modo cómo dicho problema se resuelva, el asunto de la *Legislación comparada* no excede los límites del derecho coactivo. Por lo demás, nos abstenemos de entrar en la exposición de los fundamentos de la referida división, porque no cabe en nuestro juicio dentro de la naturaleza de este trabajo. Sí haremos notar que sigue a aquella la exposición de

---

[6] Pues rigurosamente las tres tienen un carácter *filosófico,* en cuanto tienen por objeto: la primera, los *principios* jurídicos; la segunda, las *leyes* de esta esfera de la vida; y la tercera, las condiciones *esenciales* del conocimiento histórico.

los *principios* referentes a cada una de las esferas del Derecho, según el orden de la misma división.

§ 4.

Tiene por objeto la segunda parte el examen de las *leyes históricas,* que tan necesario es tener presentes en el estudio de las *legislaciones.* Y como ellas no son otra cosa que una consecuencia de lo que de esencial tiene la *vida,* y esta no es una propiedad peculiar del Derecho, de aquí que se comience por un análisis de la vida en general, para luego aplicar lo expuesto a la vida particular de aquel, desarrollando, respecto de ésta, ya con más extensión las leyes de su desenvolvimiento. Así la *permanencia* del derecho; la *unidad,* mostrada en la historia de cada derecho particular, del de cada pueblo, y en la del Derecho todo; la *variedad,* determinada por la índole de cada pueblo, consecuencia de la raza a que pertenece, del territorio o medio natural en que vive y de la cultura que alcanza; la *sucesión* y *continuidad* de la vida jurídica, ya entre los distintos pueblos, ya entre las distintas edades y períodos; la *recíproca acción* entre la vida del Derecho y la vida toda: es decir, la influencia de la ciencia, del arte, de la industria, de la moral y de la religión en el Derecho, y de éste en aquellos; el carácter *progresivo* de la legislación y la consiguiente relación de la justicia absoluta con la relativa de una parte, y de la costumbre con la ley y con el Código, de otra; la *forma libre* de la producción del Derecho y correspondiente examen de la relación entre la libertad del hombre y la Providencia de Dios, que es preciso tener presente al juzgar las legislaciones, y el *desarrollo de la vida jurídica en edades, períodos y épocas,* forman el contenido de esta parte. Pero al estudiar cada una de estas leyes, salen al encuentro distintas opiniones de jurisconsultos, filósofos e historiadores, y, aunque entonces puede ser consideradas, parece preferible no interrumpir la exposición de dichas leyes, y dejar para lo último el estudio y juicio crítico del concepto de la vida jurídica dado por las distinta escuelas; porque de este modo es posible clasificarlas y examinarlas como aspectos parciales e incompletos de la verdad, que no otra cosa son, en esta como en las demás esferas, los diferentes sistemas que se atribuyen estar en posesión de aquella.

§ 5.

El asunto de la tercera parte abraza dos extremos. El primero tiene por objeto formar el concepto de la Historia del Derecho, y demostrar el carácter sistemático, la verdad y la certidumbre del conocimiento histórico; y como consecuencia de este último punto exponer lo relativo a fuentes históricas, su naturaleza y clasificación; examen de las generales (tradiciones, monumentos y narraciones), y de las especiales del derecho (costumbres, leyes, códigos y tratados científicos). El fin de esta parte es demostrar cuál es el verdadero carácter de la Historia del Derecho, que se va a estudiar como base de la *Legislación comparada,* y hacer ver más especialmente cómo es posible alcanzar la certidumbre en esta esfera de conocimientos, mostrando los medios de que la crítica dispone para asegurarse de la autenticidad de las fuentes históricas, estimar su valor e investigar su significación, con lo cual se consigue: primero, dejar sentados principios de crítica, que han de tener su aplicación más adelante; y segundo, inspirar a los alumnos fe en la verdad histórica, puesto que el estudio de esta parte del *Preliminar* les hace ver cómo ha sido posible, así a los profesores como a los escritores, asegurarse de la certidumbre de los hechos, utilizando las fuentes inmediatas en que los mismos se han consignado, y aplicando a todas las reglas de una crítica severa.

§ 6.

El segundo extremo hace referencia a la división de la historia *toda* como base de la del *Derecho,* y merece una consideración especial.

Si esta división hubiera de hacerse en vista del desarrollo histórico del Derecho, no podría determinarse sino *a posteriori:* esto es, después de estudiado aquel; pero como por razones didácticas, principalmente, es necesario hacerla *a priori,* a fin de presentar el cuadro de la historia de la legislación, que ha de servir de base a la exposición de la misma, es preciso acudir para esto a la Historia general y aplicar a la del Derecho la división de aquella, a lo cual nos autoriza la relación en que, según hemos visto en otro lugar, se da la vida jurídica con la vida toda, y en virtud de la cual la formación histórica del Derecho lleva el mismo camino que el total desarrollo de la humanidad, razón por la que cerramos la última parte del *Preliminar* con este extremo, y no lo comprendemos entre las cuestiones de la *Legislación comparada* propiamente dicha.

Siendo esta división la base de todo el desarrollo ulterior del *Programa,* debemos exponer con la brevedad posible los fundamentos de la misma.

Siendo la vida de todo ser, y por tanto la de la humanidad, la realización en el tiempo de su esencia o naturaleza, y mostrándose esta realización en una serie de estados o hechos individuales y efectivos, cabe considerar éstos en su última y más determinada manifestación y cabe considerarlos unidos y formando manifestaciones superiores y más comprensivas; es decir, que, así como puede estudiarse en el hombre un hecho concreto y último, como un acto determinado, un pensamiento o un movimiento muscular, y también una manifestación más amplia de su vida, como el estado de su cuerpo o de su espíritu durante la infancia o la juventud, del mismo modo es posible estudiar un hecho particular de la humanidad, o considerar un estado menos parcial y más comprensivo, pero que no deja por eso de ser una manifestación efectiva, temporal e histórica de la naturaleza humana.

¿Pero es arbitraria esta distinción, de suerte que podamos sin criterio alguno cortar, por decirlo así, aquí y allá, la serie de estados individuales, que constituyen la vida de la humanidad? Lejos de esto, para fijar estos estados superiores, hay necesidad de atender a aquellos caracteres que, siendo comunes a una serie de determinaciones particulares, sirven de base a las agrupaciones respectivas de estas; caracteres que son al propio tiempo consecuencia de la naturaleza misma del ser de cuya vida se trata, como no puede menos, puesto que en esta no se muestra otra cosa que lo que encierra la esencia que en la misma se realiza. Por esto, por ejemplo, no dividimos el desarrollo del cuerpo arbitrariamente, sino en las edades que en él consideramos y que se fundan en los distintos caracteres que en cada una presenta su desenvolvimiento. Dedúcese de aquí, que al hacer la división de la historia toda de la humanidad, para que nos sirva de base a la del Derecho, debemos procurar que responda a la exigencia dicha, haciendo que las edades, períodos y épocas que señalemos, tengan cada cual un carácter, y que éste sea esencial y consecuencia de la misma naturaleza humana.

Ahora bien, todo ser orgánico recorre tres fases en su progresivo desarrollo, que son consecuencia de aquella condición. Muestra en la primera lo que se da también en primer lugar en todo organismo, la *unidad,* y constituye la edad embrionaria o de confusión: muestra en la segunda la *variedad,* que se produce en la vida al desarrollarse los distintos elementos encerrados en el germen de la anterior y da lugar a la edad de oposición; y muestra en la tercera la *unión* de estos elementos, confundidos en la primera edad, separados en la segunda, y compuestos en ésta, que es la edad de armonía.

Pues bien: en la historia de la humanidad encontramos estas tres edades. En la *primera* aparece el hombre de una parte confundido con Dios y con la

Naturaleza, y de otra, encerrando en su espíritu en confusión embrionaria los gérmenes de la religión, del Derecho, del lenguaje, de la industria, de la ciencia, gérmenes que se desarrollan como en la infancia del individuo instintivamente y sin oposición, no conociendo por lo mismo, como dice un ilustrado escritor, la duda, ni el odio, ni el crímen, ni la servidumbre, ni la superstición; es la edad paradisíaca de la Biblia, la edad de oro de los poetas de la antigüedad, la edad tradicional de todos los pueblos.

En la *segunda,* que abarca desde los tiempos históricos hasta los actuales, el hombre rompe las relaciones de la anterior, divídese la humanidad en pueblos y razas, distribúyese el trabajo en el tiempo y en el espacio; van apareciendo cultivados los fines de la vida uno tras otro primero, y combínanse después, aunque parcialmente, los resultados alcanzados. De aquí que esta edad deba dividirse en dos períodos, el uno caracterizado por la *aparición* sucesiva del desarrollo de los distintos elementos de la naturaleza humana; el otro por la *combinación* de estos mismos elementos. El *primero* comprende el desarrollo *religioso* de Oriente, el *filosófico* y *artístico* de Grecia, el *jurídico,* bajo el aspecto *individual,* de los bárbaros; siendo de notar que, como en la vida no puede menos de manifestarse toda la naturaleza del ser a que se refiere, al presentar estos desenvolvimientos parciales, no pretendemos que en cada uno de ellos sea *exclusivo* un fin de la vida, sino sólo *predominante.* El *segundo* comprende la lucha de las civilizaciones *romana, cristiana* y *germana* en la llamada Edad media; la continuación de la misma con más los elementos traídos a la vida por el *renacimiento de Grecia* y en parte de la misma *Roma;* y, por último, la combinación de todos estos elementos de civilización con los que debemos al *renacimiento de Oriente* verificado en nuestros días. Es decir, que en este segundo período la humanidad va trayendo a la vida todo lo producido en el anterior; primero, lo producido por Roma, el Cristianismo y los bárbaros; luego lo producido por Grecia; por fin, lo producido por Oriente, con lo cual la humanidad ha llegado a utilizar, por decirlo así, todo el trabajo de la historia.

La subdivisión de estos períodos en épocas nace claramente de lo expuesto; en el primero encontramos tantas como elementos distintos se desarrollan; en el segundo, tantas como distintas combinaciones de éstos tienen lugar. Así Oriente, Grecia, Roma, el Cristianismo y los bárbaros son respectivamente el asunto de las cinco épocas, en que se divide el uno; desde la conclusión de éste hasta el *renacimiento* greco-romano; desde éste hasta el de Oriente; y por último, los *tiempos actuales,* son las tres épocas en que se divide el otro.

Pero la humanidad, al mismo tiempo que recibe de este modo todo el resultado de la historia, aspira a producir una vida nueva, en la que se armonicen de un modo completo y total todos los elementos anteriores, reconociendo la igual dignidad de todos los fines humanos, de todos los elementos de vida y de todos los pueblos, aspirando a la armonía de la ciencia con la vida, del pasado con el presente, y preparándose para entrar, pasadas la edad de la infancia y la de la juventud, en la de la virilidad, en la *tercera edad,* que antes caracterizamos, y de la que sólo hay señales que anuncian su advenimiento; dando lugar a lo que es carácter de los tiempos presentes en todas las esferas, y quizá más especialmente en la jurídica, a una *crisis total,* consecuencia de la desaparición de un mundo que muere y de la aparición de un mundo que nace.

Explicado, con la rapidez que la índole de este trabajo exige, el fundamento de la división de la *Historia,* que creemos responde a la verdad y realidad de los hechos y prescindiendo de entrar en el juicio crítico de las ordinariamente seguidas, lo cual nos llevaría demasiado lejos, no haremos sino indicar la división de la *Historia de la Legislación,* a reserva de hacer notar en su lugar cómo cuanto queda dicho acerca del carácter de las edades, períodos y épocas de la *general* de la humanidad, puede decirse igualmente de la *particular* del Derecho.

Distinguiremos, pues, en esta tres edades; la *primera,* la tradicional, en la que el Derecho sólo existe en germen y confundido con los demás fines de la vida; la *segunda*, que comprende todos los tiempos históricos, en la que el Derecho se desprende más o menos de los otros elementos y desarrolla su propio contenido en todas direcciones, predominando, ya una, ya otra de sus esferas, y la cual se subdivide en dos períodos: el uno en que *aparecen* elementos jurídicos parciales y que abraza, formando otras tantas épocas, la *legislación oriental, la* griega, la *romana, la canónica* y la *germana;* el otro, en que se *combinan* aquellos elementos, subdividiéndose en tres épocas: la primera, que comprende la lucha de las legislaciones romanas, canónica y germánica, desde el siglo VI al XVI, la *legislación feudal*[7]; la segunda, que sigue a la anterior y que podemos llamar la *legislación de la Monarquía;* y la tercera, la de los tiempos actuales, o sea la *legislación de la Revolución;* y por último, la *tercera edad* de la historia del Derecho respecto de la que sólo es posible, como queda dicho, indicar los anuncios o señales de su advenimiento.

Terminado con esto el *Preliminar,* puede ya entrarse en el estudio de las legislaciones y en la exposición del juicio crítico de las mismas, objeto de la ciencia de que nos ocupamos.

Segunda parte

Plan de la Legislación comparada

§ 1.

Antes de entrar en el razonamiento de esta parte del plan, debemos hacer algunas observaciones, que, por ser generales y comunes a todas sus secciones, tienen aquí su lugar propio.

Es la primera, que como consecuencia de lo dicho en distintos pasajes de este trabajo, al estudio de cada legislación deben preceder siempre algunas consideraciones generales, que tienen por

---

[7] Ya que es el elemento principal y predominante, no ciertamente el único, de la legislación de esta época.

objeto: *primero,* indicar el carácter total de la historia del pueblo o época de cuyo derecho se trata; *segundo,* hacer notar el concepto legal y el científico del Derecho, esto es, según resulta de la misma legislación y de las doctrinas jurídicas dominantes; necesario lo primero, para comprender el sentido de cada legislación, y lo segundo, para darse cuenta de las modificaciones que experimenta; *tercero,* consignar las fuentes históricas a que se debe acudir para hacer el estudio de las respectivas legislaciones; y *cuarto,* exponer el plan de desarrollo en aquellas épocas que por su extensión e importancia pidan una subdivisión especial.

Es la segunda, que en cuanto al orden de exposición de las distintas esferas jurídicas, debe seguirse el mismo en que se desarrolla en el *Preliminar* la parte filosófica, esto es, el desenvuelto al hacer la división de Derecho, salvas algunas excepciones, que tienen su explicación en lo dicho al hablar del método dogmático.

Y la tercera, que al examen del Derecho de cada época deben seguir naturalmente el *juicio crítico* de la legislación en cuestión y la comprobación de las *leyes históricas* en otro lugar indicadas.

Debemos, por último, notar aquí que, a unas ramas del Derecho debe darse menor desarrollo que a otras, porque su examen y comparación objeto de enseñanzas especiales, en cuyo caso se encuentran el derecho *mercantil,* el *político* y el *internacional,* principalmente el primero y el último, puesto que del segundo es a veces imposible dejar de ocuparse con cierta extensión.

Hechas estas observaciones, para evitar repeticiones inútiles, sólo por excepción aludiremos en adelante a los extremos que comprenden, debiendo darse por supuestos en todos los lugares, en que corresponda.

§ 2.

Respecto de la *primera edad,* poco cabe decir de la legislación, no habiendo para hacer su estudio otras fuentes históricas que escasas tradiciones. Lo que más interesa considerar en estos primeros tiempos es cómo el estado social es el primitivo, el natural y, en consecuencia, cómo el Derecho no tiene un origen posterior al del hombre, como afirman de un lado los tradicionalistas y de otro los materialistas, sino que es condición necesaria para la vida de la familia, que es la sociedad primitiva, y de las superiores formadas sobre ella [8].

---

[8] Debe tenerse en cuenta, sin embargo, el desarrollo que estos estudios, que podemos llamar *prehistóricos,* alcanzan hoy merced a los trabajos de Sumner Maine (*Derecho antiguo*), de Foustel de Coulanges (*la Ciudad antigua*), de Lubbock (*Orígenes de la civilización*), y de otros escritores, uno de ellos el Barón de Portal, que en su obra antes citada dice: A esta primera edad del mundo hemos dado el nombre de *estado primitivo;* y aunque las costumbres de esta época son poco numerosas, es posible, sin embargo, reconstituir con ellas el plan general de la legislación primordial, del mismo modo que Cuvier reconstituyó, utilizando los conocimientos de la anatomía comparada, el cuerpo entero de los animales antediluvianos. Por esto, al lado de la edad de piedra y de la de bronce, señalaremos la existencia de la *Paleontología* del Derecho.

§ 3.

En muy distinto caso se encuentra la *segunda edad*, la cual, abrazando desde los tiempos históricos hasta nuestros días, despierta de un lado un vivo interés, y puede de otro ser estudiada mediante las numerosas fuentes de conocimiento que la ciencia ha reunido y utilizado.

§ 4.

Dividíamos esta edad en dos períodos; y a su vez subdividíamos el primero en cinco épocas, acerca de las que vamos a hacer algunas indicaciones generales con relación al modo como debe desenvolverse la historia jurídica de cada una.

Es la *primera* la relativa a la *Legislación de Oriente*. Gracias a los trabajos de los orientalistas, utilizados por historiadores, filólogos y etnógrafos, hoy conocemos ya en parte aquella civilización maravillosa, que pasaba en tiempos no lejanos por el tiempo de la incultura y de la inmovilidad, como si fuera posible que las leyes de la vida dejaran de cumplirse en algún punto del espacio o en algún momento del tiempo.

Entre los pueblos de Oriente hay dos que, distintos por la raza, por el carácter y por su destino, tienen de común el haber ejercido un gran influjo en la historia de la humanidad, que por lo mismo se afana en escudriñar todo cuanto a su vida hace relación. Por esto comenzamos por ellos el estudio de la legislación de esta época, y lo hacemos con la extensión que merecen el *derecho indo*, consignado en un Código que, no obstante haberse escrito hace treinta y tres siglos, contiene títulos, que, al decir de un escritor francés, parecen arrancados del Código Napoleón; y el *derecho mosaico*, que presenta en unas esferas instituciones tan peculiares, que se duda hayan existido en la realidad, y que en otras ha ejercido hasta tiempos cercanos una notable influencia.

Siguen la *Legislación de Egipto*, que por su influencia en la hebrea y en la griega y por ciertos presentimientos de la unidad del género humano, parece cumplir la misión indicada por su posición geográfica; la *fenicia*, para cuyo estudio tenemos escasas fuentes; la *cartaginesa*, que tiene aquí cabida por el origen y carácter de este pueblo, cuyo derecho, aunque no mereciese algunos momentos de atención por ciertas instituciones peculiares, lo merecería por el papel importante, aunque pasajero, que este pueblo ha desempeñado en la historia; la de *medos* y *persas*, cuyo carácter y civilización tan relacionados están con el destino guerrero de estos pueblos; y últimamente, la *Legislación de la China*, de este pueblo al cual no hay razón para dejar en el olvido por su aislamiento, real o pretendido, de todos modos hoy roto, y cuyo derecho bien merece ser considerado, siquiera no sea más que por los entusiastas elogios que por su organización política ha merecido a escuelas y sistemas distintos y aún contrarios.

Concluye esta parte con algunas consideraciones generales, una de las que tiene por objeto hacer ver cómo, no obstante la importancia que tienen la moral en China, el comercio en Fenicia, la guerra en Persia, la filosofía en India y la ciencia y la industria en Egipto, en todos predomina, como lo muestra su legislación, la influencia religiosa, aunque no con la tendencia exclusiva que en Judea.

Comienza el estudio de la *segunda época* con algunas consideraciones generales acerca de la interesante historia del pueblo griego, cuya civilización es para la humanidad fuente perenne de cultura y de progreso; y a ellas sigue el examen de las *Legislaciones de Esparta* y de *Atenas*. Posible es extender a todas las repúblicas este estudio, como lo hacen algunos historiadores del Derecho; pero ni lo largo del camino que hay que recorrer lo permite, ni es del todo necesario, dados los rasgos comunes a todas; por lo cual estimamos bastante el examinar la legislación de las dos repúblicas, cuya oposición en el interior de Grecia, junto con la exterior de ésta con Oriente, constituyen la historia de este pueblo.

Que estas dos legislaciones deben ser estudiadas detenidamente, no sólo por la importancia de la civilización griega, sino por el valor propio de su derecho, por la relación que tiene en su origen con el de Oriente y en su desarrollo con el romano, no puede ofrecer duda; y menos si a aquellos motivos se agrega el influjo que en tiempos no lejanos ha ejercido en la esfera de las ideas y en la de los hechos el estudio de las Constituciones políticas de aquellas célebres ciudades.

Haremos notar, por último, que importa mucho comparar la legislación de Esparta con la de Atenas, que tienen a la par tanto de común y tanto de distinto; y dejar consignado el verdadero carácter del derecho de Grecia, esta patria de los filósofos y de los artistas, para compararlo más tarde con el de Roma, esta patria de los jurisconsultos.

En el asunto de la *tercera época* la *Legislación romana,* la de aquel pueblo, cuya vida se consagra casi por entero a producir un derecho que, sino es la *razón escrita,* ni una manifestación tan acabada y perfecta de la justicia absoluta, que haya de dispensar a los pueblos de cultivar este fin esencial de la vida, es el resultado de doce siglos de trabajo prestado por una raza dotada de una vocación especial para cumplir este destino, y recibido y aceptado por la humanidad con el respeto que acredita el imperio, debilitado a veces, anulado nunca, que le viene concediendo desde los bárbaros, conquistadores de los romanos y conquistados por su derecho, hasta los tiempos actuales, en que en todas las Universidades, en la de Oxford como en la de Bolonia, y en la de Berlín como en la de Coimbra, se cultiva y estudia esta legislación, que los jurisconsultos de hoy se precian de conocer mejor que el mismo pueblo que la produjo.

He aquí por qué es imposible intentar el estudio de la historia del derecho sin examinar atentamente el romano. Es verdad que antes ha sido estudiado por los alumnos, pero téngase en cuenta que entonces se consagraron al estudio de las *Instituciones* de Justiniano y sólo con ocasión de él conocieron en parte el desarrollo interno del Derecho, mientras que en el Programa este desenvolvimiento es el que consideramos, y sólo como uno de sus momentos el derecho justinianeo, esta última manifestación del derecho romano y para algunos primera del derecho bizantino.

En cuanto al desarrollo de este punto, en la imposibilidad de entrar en pormenores, nos limitaremos a hacer notar que al ocuparnos del derecho de las provincias, unidas por vínculos más o menos estrechos a Roma, lo hacemos también ligeramente de la legislación originaria de aquellos pueblos, principalmente de la de los galos, que merece por su desarrollo una consideración especial. De este modo, al examinar más tarde la legislación posterior a la venida de los bárbaros, no necesitamos volver la vista atrás; y también así es posible estimar el resultado de la combinación del derecho romano con el de los pueblos que conquistó.

Por último, entre las consideraciones generales, con que termina el estudio de esta época, ocupan un lugar muy principal, después de las relativas al concepto del Derecho y del Estado en Roma, las que tienen por objeto caracterizar la revolución política y social que se verifica en el Derecho durante la República, y la filosófica y religiosa del mismo durante el Imperio, primero bajo el influjo del estoicismo, y después bajo el del cristianismo.

Pero la *Religión cristiana* no sólo influyó en la vida, oponiendo al politeísmo pagano un Dios personal y providente, al culto de la naturaleza la exaltación del espíritu, a las diferencias de razas, pueblos y clases la unidad del género humano, sino que aspirando a cumplir su destino, constituyó una sociedad, formó una Iglesia; y como las leyes, que en su virtud se dio para su vida interior y exterior, alcanzaron unas de los pueblos la misma autoridad que tenían las suyas propias, y ejercieron otras un influjo decisivo en el derecho en general y en algunas de sus ramas más especialmente, es de toda necesidad estudiar la *Legislación canónica,* asunto de la *cuarta época,* aunque sólo en el desarrollo que alcanzó durante los primeros cinco siglos, puesto que el ulterior toca a otro período y sería una anticipación inconveniente el exponerlo en este lugar.

También esta legislación ha sido anteriormente objeto de estudio para los alumnos, pero podemos repetir respecto de ella próximamente las razones indicadas en cuanto a la romana, puesto que la canónica es igualmente precisa para la inteligencia de la historia ulterior del Derecho y ha ejercido en su desarrollo un influjo aun hoy existente y no tan aminorado como algunos pretenden.

Mas el mundo pagano necesitaba una renovación no sólo en el espíritu sino también en la naturaleza, y a cumplir esta misión provindencial vinieron los *bárbaros,* cuerpo nuevo en que habían de encarnar la nueva vida traída por el cristianismo y los elementos sanos de la producida por la antigüedad; pueblos y razas que al mismo tiempo traían en germen un derecho propio y característico; y de aquí que la *Legislación germana* sea el asunto de la *quinta* y última época de este período. Importante como las dos anteriores y elemento también esencial para la vida jurídica posterior, pide un examen más detenido, no obstante haber de ser más tarde objeto de nueva consideración, porque, a diferencia de aquellas, no ha sido estudiada por los alumnos anteriormente. Por esto se da a esta parte una extensión, que estimamos muy merecida, y se pone especial cuidado en hacer notar, de una parte, el carácter general de este desarrollo y el de cada una de sus esferas comparándolo con el romano, y de otra los gérmenes que, desarrollados más tarde, dan lugar a una legislación imposible de comprender sin estos antecedentes.

Por último, se cierra este período con algunas consideraciones generales, que tienen por objeto comprobar el carácter general asignado al mismo, notar la relación entre las legislaciones de las distintas épocas que comprende, y verificar las leyes históricas en otro lugar examinadas.

§ 5.

Al primer período, en que van apareciendo los distintos elementos y manifestaciones del Derecho, sucede este en que se verifica la *combinación* de los mismos, dando lugar la distinta forma en que se lleva a cabo a la división en tres épocas en otra parte indicada.

Es la primera aquella que se caracteriza por la *combinación* y *lucha* de las legislaciones *romana, germana* y *canónica,* que sigue a la invasión de los bárbaros y dura hasta el Renacimiento y que hemos denominado: *Legislación feudal*. Primera, quizá en importancia entre todas las de la Historia del Derecho, es por lo mismo la que aparece en el *Programa* desarrollada con mayor extensión. Ella encierra, como ha dicho un escritor, la génesis misteriosa de los tiempos posteriores hasta los actuales, y si esto puede decirse con razón respecto de la vida toda, quizá con más motivo cabe afirmarlo en cuanto a la *vida jurídica*. Por fortuna va haciéndose la luz en el estudio de esta época y no pasa la historia de la Edad media, según se la llama generalmente, como algo confuso e informe, sin interés, sin sentido y sin merecimientos. Por el contrario, se estima su valor, se reconocen en ella los gérmenes de la vida posterior y aun la explicación de algunas de sus evoluciones, y se considera posible exponer el desarrollo histórico de la misma de una manera ordenada y metódica.

Intentamos hacerlo, por nuestra parte, subdividiendo la historia de la legislación de esta época en varias secciones. El examen del sistema del *derecho personal o de raza* y la consiguiente oposición entre el derecho romano, contenido en los *Códigos dados para los vencidos,* y el germano, contenido en los *formados para los vencedores,* con la desaparición de aquel sistema, mostrada en la publicación de *Códigos comunes a vencedores y vencidos;* la *Legislación feudal,* la más interesante de esta época, que durante ella se desarrolla, transforma y decae, y sin embargo se mantiene en pie a través de la siguiente y llega hasta la actual; la *Legislación canónica,* estudiada antes en el comienzo de su formación, y aquí en el período más notable de su desarrollo, cuando ejerce una influencia decisiva en ramas especiales del Derecho; cuando la Iglesia después de haber convertido los bárbaros al cristianismo, ejerce sobre el mundo la dictadura espiritual más portentosa que han visto los siglos, y contribuye, antes de entrar en el período de la decadencia de su poderío, a la transformación del feudalismo; la *Legislación municipal,* que comienza en medio de éste, se desarrolla cuando decae, en lo cual tócale una parte, y produce un derecho vivo aun hoy en varios países; *la reaparición del Derecho romano,* palanca poderosa con que los legistas remueven la sociedad de aquellos tiempos; la *Legislación bizantina,* de aquel pueblo que también en la esfera del Derecho cumple su misión, conservando en depósito tesoros que más tarde ha de utilizar la humanidad; y, por último, la *Legislación musulmana,* de la raza que aparece súbitamente en la historia y produce una civilización no siempre juzgada imparcialmente, y cuyo derecho prueba la sinrazón con que un escritor la ha declarado extraña a la idea del Estado; tales son los distintos asuntos de las secciones en que subdividimos la interesante historia jurídica de esta época.

Pero si bien cabe estudiarla en sus rasgos generales y comunes, porque los esenciales comprenden a todos los pueblos europeos, a diferencia de lo que sucedía, por ejemplo, en Oriente, donde no puede prescindirse de tratar separadamente las legislaciones de los diferentes pueblos, porque tienen más de distinto que de común, no sería aquí completo este examen, si dejaran de notarse los caracteres especiales del derecho de cada pueblo; y a este fin a la sección relativa al feudalismo en general sigue otra que tiene por objeto estudiar los de la legislación de cada país durante el desarrollo y decadencia de aquel.

Comienza con el Renacimiento la *segunda época*, que respecto del derecho hemos denominado la de la *Legislación de la Monarquía*, porque siendo uno de sus caracteres la exaltación del poder real, de él proceden en parte las modificaciones que experimenta la legislación. No merece ciertamente tan detenida consideración como la anterior, porque ni tiene su interés ni su importancia. Puede decirse que en general todo el asunto de esta época consiste, de una parte, en la lucha del derecho romano con el canónico y el feudal, decidida en favor del primero en la esfera del derecho público, principalmente en el político; y de otra, en la preparación, y no más, de los elementos que más tarde habían de destruir el derecho privado creado por el feudalismo y mantenido en pie, no obstante los esfuerzos impotentes de los legistas. No deben, sin embargo, pasar desapercibidas la legislación mercantil, la colonial y el derecho internacional, que alcanzan un gran desenvolvimiento con motivo del desarrollo de la industria y del comercio, del descubrimiento y colonización de América y de la terminación de las guerras de Religión.

Pero en esta época comienza a dejar sentir su influencia un nuevo elemento de vida. Al Renacimiento greco-romano siguió el comienzo o aparición de la filosofía moderna, y estra trajo consigo el cultivo del Derecho natural y el estudio del orden económico; y de aquí que, al terminar esta época, bajo el influjo de los criminalistas de Italia, de los escritores de Derecho natural de Alemania, de los fisiócratas de Francia, de los economistas de Inglaterra y Escocia, y de los regalistas de España y Portugal, aparecen los Reyes y los Ministros reformistas: Federico de Prusia; Catalina de Rusia, José II de Austria, Leopoldo de Toscana, el Ministro Tanucci en Nápoles, Turgot y Necker en Francia, Pit y Fox en Inglaterra, Pombal en Portugal, Aranda y Campomanes en España; movimiento que importa mucho hacer notar principalmente para establecer la relación de esta época con la siguiente.

Por último, también aquí, después del estudio en general de la legislación, se dedica una sección al examen de los carácteres particulares de la misma en cada pueblo.

Viene finalmente la *tercera época* de este período, *la Legislación de la Revolución,* cuya importancia es excusado encarecer. El Derecho de esta época es la negación del Derecho *privado* de la primera y la negación del Derecho *público* de la segunda, y al mismo tiempo la producción, aunque sólo parcial, de un Derecho nuevo. Lo que no pudieron hacer los legistas y los Monarcas lo ha hecho la época actual, destruyendo el Derecho privado del feudalismo; lo que hicieron los Reyes y los jurisconsultos, al destruir el Derecho público feudal, la Revolución lo deshizo, creando un Derecho nuevo con que sustituyó al establecido por el absolutismo. De aquí el carácter doble de las reformas llevadas a cabo en la legislación en los tiempos actuales; lo tienen afirmativo las hechas en las distintas esferas del Derecho público; y negativo las hechas en las del Derecho privado, salvas algunas excepciones que tienen su explicación histórica.

Esta es también la época de la codificación, y sin dar a este hecho la importancia desmedida que algunos le han atribuido, no es posible desconocer su trascendencia y la necesidad de prestarle la atención debida.

No hay para qué decir que, al ocuparnos de los caracteres especiales de la legislación de cada país durante esta época, damos el primer lugar y una atención preferente a la de Francia. Francia en la noche del 4 de agosto de 1789 decretó la muerte del feudalismo, de aquel sistema que había inspirado un Derecho subsistente aun después de tantos siglos; Francia resumió a la vez el espíritu tradicional y el revolucionario en el famoso Código Napoleón, genuina representación del Derecho de esta época, que ha dado la vuelta al mundo civilizado; y en Francia ha cumplido en nuestra época y cumplirá, Dios mediante, y no obstante las faltas que tan cruelmente espía, su misión providencial, propagando entre los pueblos los principios de la civilización moderna.

§ 6.

Aquí deberíamos concluir, una vez expuesta la historia de la legislación en todas sus épocas; pero como la de las dos últimas consiste en lo general en la exposición de las modificaciones y reformas llevadas a cabo en el derecho de las anteriores, que queda en parte en vigor, parece, si no necesario, conveniente terminar con un examen del *estado actual* de la legislación, resumiendo por instituciones lo esencial del derecho positivo vigente [9].

Para ello, ni entramos en pormenores, cuyo estudio consideramos inútil para nuestro fin, ni recorremos uno tras otro todos los Códigos y legislaciones, lo cual produce mucha confusión y escaso provecho. Por el contrario, tenemos en cuenta, en cada institución, los elementos esenciales de la misma: hacemos notar, respecto de cada una, los países en cuyas legislaciones domina uno u otro elemento, ya de los tradicionales, ya de los modernos; nos ocupamos especialmente de aquellas que presentan un carácter más peculiar y distinto de las demás; y por último, terminamos con el *juicio crítico* del estado presente de la *legislación*.

Como hemos procurado en este trabajo fundar debidamente lo que es base del desarrollo de toda ciencia, esto es, lo relativo al *objeto, carácter y relaciones* de la Legislación comparada y al *método* en ella procedente, hemos podido prescindir de entrar luego, al ocuparnos del *plan,* en consideraciones y pormenores que son consecuencia lógica e inmediata de lo que quedaba dicho con aquel motivo; y así hemos podido abreviar esta última parte, que en otro caso habría exigido una gran extensión.

---

[9] Lo cual es, según opinión de algunos, que en otro lugar hemos procurado refutar, el objeto único y exclusivo de la *Legislación comparada*.

B. Relación de obras publicadas por Azcárate

1. *Libros, notas y traducciones*

Ensayo de una introducción al estudio de la Legislación comparada y programa de esta asignatura, reproduce el trabajo aparecido en la *Revista General de Legislación y Jurisprudencia*, 44, 1874, páginas 81 y ss., y publicado aparte por la editorial de la citada *Revista*, Madrid, 1874, 188 págs.

Estudios económicos y sociales, Librería de Victoriano Suárez, Madrid, 1878, 283 págs. Reúne trabajos publicados en la mencionada *Revista*, como el que hemos transcrito *supra* (V.A), en la *Revista de la Universidad* y en la *Revista Europa*, sobre el objeto, el carácter y la naturaleza de la ciencia económica, el problema social y comentarios sobre Cairnes y Laveleye.

Minuta de un testamento, publicado con el pseudónimo «W», Librería de Victoriano Suárez, Madrid, 1876 y reimpreso con *Estudio preliminar* de E. Díaz, Editorial de Cultura Popular, Barcelona, 1967, y *Anexos*, en los que figura la conferencia *La Religión y las religiones*, 300 págs.

Estudios filosóficos y políticos, Librería de F. Fe, Madrid, 1877, 358 págs. Recoge estudios publicados antes en la *Revista Contemporánea*, la *Revista Europea*, la *Revista de España* y la *Revista de la Academia Matritense de Legislación y Jurisprudencia*, donde apareció su trabajo sobre *El municipio en la Edad Media*; dichos estudios versan sobre el positivismo, el pesimismo, los partidos políticos, la religión y la influencia del principio democrático en el Derecho privado.

El self-government y la monarquía doctrinaria, Librerías de A. de San Martín, Madrid, 1877, 321 páginas. Reúne asimismo ocho trabajos publicados en la *Revista de España* sobre la legalidad de los partidos, el gobierno personal, la legitimidad de las revoluciones, las Constituciones irreformables, el parlamentarismo, la centralización, el jurado y las prerrogativas de la Corona.

La Constitución inglesa y la política del Continente, Imprenta de Manuel Minuesa de los Ríos, Madrid, 1878, 286 págs. Resumen de los discursos pronunciados en el Ateneo de Madrid los días 4 y 6 de julio de 1877.

Resumen de un debate sobre el problema social, 2ª edición con cinco Apéndices, Gras y Cía., Madrid, 1881, 272 págs. Trabajo publicado anteriormente en la *Revista de España* y, según vimos, como *Apéndice* al *Ensayo sobre la hisoria del derecho de propiedad*, III, cit. *infra*, págs. 355 y ss. Resume el debate sostenido en el Ateneo de Madrid, durante el curso 1877-1878.

Tratados de política. Resúmenes y juicios críticos, Imprenta de Enrique de la Riva, Madrid, 1883, 340 págs. Consta de seis capítulos consagrados al estudio de las obras de May, Held, Gneist, Waitz y Kosergarten, Minghetti, Sansonetti, Lorimer, Duque de Somerset, Passy, Freeman, varios economistas y Janet.

Ensayo sobre la historia del derecho de propiedad, Imprenta de la *Revista General de Legislación y*

Jurisprudencia, Madrid, tres tomos, 1879, 1880 y 1883. La obra se ciñe al esquema de la introducción a la Legislación comparada; el tomo I se refiere a la propiedad y sus ramificaciones en los derechos reales, los contratos agrarios, la familia y la herencia en el Derecho de la Antigüedad; el tomo II trata lo mismo desde el Derecho feudal hasta la Revolución francesa y el tomo III estudia la legislación vigente en el siglo pasado, e incluye el antes mencionado *Apéndice*.

El régimen parlamentario en la práctica, Imprenta Fortanet, Madrid, 1885, 289 págs. Reeditado por Librería de F. Fe, Madrid, 1892, los Sobrinos de la Sucesora de M. Minuesa de los Ríos, Madrid, 1931 y la Fundación Francisco Giner de los Ríos y Editorial Tecnos, con prólogos de Adolfo Posada y Enrique Tierno Galván, Madrid, 1978. Se divide en 16 capítulos cuyo contenido conocemos.

La república norte-americana según el Profesor Brice, Biblioteca Económica Filosófica, Madrid, 1891, 218 págs.

Concepto de sociología y un estudio sobre los deberes de la riqueza, Imprenta de Heinrich y Cía, Barcelona, 1904, 174 págs.

Traducción y notas a la obra de Enrique Ahrens, *Enciclopedia juridica o exposición orgánica de la ciencia del Derecho y del Estado*, Librería de Victoriano Suárez, tres tomos, Madrid, 1878 los dos primeros y 1880 el último, en colaboración con Francisco Giner de los Ríos en las notas y Augusto González Linares en la traducción. Las notas se han publicado aparte, con doble paginación, por Pablo de Azcárate, *Notas a la Enciclopedia Jurídi-*

ca de Enrique Ahrens, con prólogo del mismo y una nota sobre los arrendamientos rústicos y pecuarios de Joaquín Costa, Editorial Tecnos, Madrid, 1965, libro que forma parte de las *Obras completas* de F. Giner de los Ríos, volumen XXI.

Municipalismo y regionalismo, con estudio preliminar de J. de Azcárate y E. Orduña, Instituto de Estudios de la Administración Local, Madrid, 1979, 382 págs.

Traducción de la obra de Lord Mackencie, *Estudios de derecho romano comparado con el francés y el escocés* (Anotado y comparado con el español), en colaboración con Santiago Inerarity, Góngora y Cía. editores, Madrid, 1877.

Traducción del libro de Enrique Fawcett, *El libre-cambio y la protección: investigación de las causas que han retardado la adopción general de la libertad de comercio desde que se introdujo en Inglaterra*, en colaboración con Vicente Inerarity, Librería de Victoriano Suárez, 1879, 308 págs.

Finalmente, parece que hubo un intento de publicar las obras completas de nuestro autor, de las que aparecieron solamente dos volúmenes, *Estudios religiosos* y *Estudios sociales*, Sobrinos de la Sucesora de M. de Minuesa de los Ríos, Madrid, 1933, 310 y 344 págs. respectivamente.

2. *Selección de artículos, conferencias y obras menores*

En cuanto a los artículos, tres fueron publicados en la *Revista General de Legislación y Jurispru-*

dencia, a saber: *Estudio sobre el crédito territorial en España en 1868*, t. 35, 1868, y *Objeto y carácter de la ciencia económica y su relación con la del Derecho*, t. 38, 1871, ambos recogidos en los *Estudios económicos y sociales*; el primero se transcribe *supra* (V.A) y el segundo se publicó aparte con un programa de Economía política, así como el último artículo *Ensayo de introducción al estudio de la Legislación comparada y programa de esta asignatura*, t. 44 y 45, 1874, cuya primera parte también se transcribe *supra* VI.C.

En el *Boletín de la Institución Libre de Enseñanza* aparecieron los siguientes artículos: *La capacidad jurídica en el Derecho español*, *El pesimismo en relación a la vida práctica*, *Ampliación de Derecho civil y Códigos españoles* —recensión a la obra de F. Sánchez Román—, *Legislación comparada*, 1877; *El Derecho romano desde las XII Tablas hasta Augusto*, *La Corona y la Constitución de Inglaterra*, *Código de Napoleón*, *Historia del Derecho de propiedad*, *El poder del Jefe del Estado en Inglaterra, Francia y los Estados Unidos*, 1878; *Desarrollo del Derecho inglés*, *La propiedad eclesiástica*, *La filosofía de los Estados Unidos*, *Idea de la Constitución política*, *Desarrollo de la democracia en Europa*, 1879; *Bibliografía política*, 1880; *Un discurso sobre la libertad de ensañanza*, *Capacidad jurídica de la cosa en la relación jurídica de propiedad*, *El proyecto de Mr. Gladstone sobre la cuestión agraria en Irlanda*, *Las Constituciones políticas de Francia*, 1881; *Los gobiernos de partido*, *El Senado en Europa*, *Propiedad del Estado*, 1882; *Política comparada de Freeman*, *Filosofía de la Revolución francesa según P. Janet, Los partidos políticos según Minghetti, Organización municipal en Europa*, 1883; *Filosofía de la Revolución francesa, La hipoteca naval, Condición de los obreros ingleses, El régimen parlamentario en la práctica*, 1884; *El derecho y la política, El Estado en sus relaciones con la Iglesia*, 1885; *Fawcett, El gobierno representativo en Inglaterra, La propiedad colectiva del suelo en varios países*, 1886; *Secularización de la política, La República norteamericana según el Profesor Bryce*, 1890; *El libro del Profesor norteamericano J. W. Burgess*, 1891 y 1892; *El problema social*, 1893; *La indiferencia política*, 1894; *El «villainage» en Inglaterra* —también en *La Administración*, 1897—, *Un libro sobre el Derecho inmobiliario español* —recensión a la obra de B. Oliver transcrita *supra* (V.E)—, 1897 y 1898; *Plan de sociología*, 1899; *Neutralidad de la Universidad*, 1903; *La Religión y las religiones*, 1909, y *Carácter científico de la Historia*, 1910.

Además, *El problema social de ayer y de hoy*, en *Revista de la Universidad de Madrid*, 1873; *La instrucción de la mujer y la educación del hombre*, en *Instrucción para la mujer*, 1882; *Les partis politiques en Spagne*, en *Revue de droit public et de la science politique*, 1896; *Un libro sobre la evolución social*, en *Revista de Derecho y Sociología*, 1895; *Regionalismo y descentralización*, en *Revista Nacional*, 1899; *La opinión pública y los partidos políticos*, en *Enciclopedia jurídica*, 1900; *La partícula «quasi» en el Derecho*, en *Unión escolar*, 1901; *Le regionalisme en Spagne*, en *La Nouvelle Revue Internationale*, sin fecha; y la publicación póstuma de su tesis doctoral *Juicio crítico de la Ley 61 de Toro, exponiendo sus motivos, su objeto y su conveniencia*, en *Revista de Ciencias Jurídicas y Sociales*, 1918, también en tirada aparte con prólogo de R. Altamira.

Por lo que se refiere a las conferencias y discursos publicados, *La crisis económica y la reacción proteccionista en Europa*, Ateneo Mercantil de Madrid, 1879; *Condición de los obreros ingleses*, Fomento de las Artes, Madrid, 1884; *Olózaga.Orígenes, ideas y vicisitudes del partido progresista*, Ateneo de Madrid, 1886; *Libertad de contratación*, Sociedad Mercantil La Luz y Ateneo de Madrid, 1887; *Relaciones de la política con los problemas económicos*, Círculo de La Unión Mercantil e Industrial, Madrid, 1889; *El gobierno local* y *Vida municipal*, Ateneo de Madrid, 1891; *Teoría y práctica de las represalias en materia arancelaria*, Círculo de la Unión Mercantil e Industrial, Madrid, 1891; *Concepto de sociología*, discurso de recepción en la Real Academia de Ciencias Morales y Políticas, contestación por Luis Silvela, Madrid, 1891; *Los Estados Unidos*, Ateneo de Madrid, 1892; *Deberes y responsabilidades de la riqueza*, Ateneo de Madrid, 1892; *El problema social*, Ateneo de Madrid, 1893; *El partido (republicano) único*, Círculo Centralista, Madrid, 1893; *La representación corporativa*, Círculo de la Unión Mercantil e Industrial, Madrid, 1898; *Filosofía de la anarquía*, Real Academia de Ciencias Morales y Políticas, 1898; *Neutralidad de la Universidad*, Universidad Popular de Valencia, 1903; *El matrimonio civil*, Círculo instructivo de obreros republicanos de los distritos del Hospicio y Congreso, Madrid, 1906; *Necrología del Excmo. señor don Laureano Figuerola*, Real Academia de Ciencias Morales y Políticas, Madrid, 1910; *El problema financiero y político pendiente con la Gran Bretaña*, Centro Obrero de León, 1910; *Carácter científico de la Historia*, discurso de recepción en la Real Academia de la Historia y contestación por R. de Ureña y Smenjaud, Madrid, 1910; *Liberalismo, democracia y socialismo*, Universidad de Valencia, 1910; *Necrología de don Manuel Sales y Ferré*, Real Academia de Ciencias Morales y Políticas, Madrid, 1911; *La Religión y las religiones*, Sociedad El Sitio, Bilbao, 1909; *La política y el problema obrero*, Centro Mercantil de Zaragoza, 1911; *Necrología de Sr. D. Joaquín Costa*, Real Academia de Ciencias Morales y Políticas, Madrid, 1909; contestación al discurso de R. M. de Labra, *La personalidad moral de España*, de recepción en la Real Academia de Ciencias Morales y Políticas, Madrid, 1912; contestación al discurso de A. Posada, *La ciudad moderna*, de recepción en la Real Academia de Ciencias Morales y Políticas, Madrid, 1915; contestación al discurso de Julio Puyol Alonso, *El abadengo de Sahagún (contribución al estudio del feudalismo en España)*, de recepción en la Real Academia de la Historia, Madrid, 1915, reimpreso por Ediciones Leonesas, León, 1985.

Por último, las obras menores de Azcárate son abundantes y están dispersas en diarios, como *la Voz del Siglo*, *El Demócrata*, *El Día*, *El Resumen*, *La Correspondencia de España*, *Heraldo de Madrid* y *El Liberal*, en el que publicó una serie de 17 artículos en 1916, e incluso en periódicos locales, como *El Campeón* de León, *El Comercio* de Gijón o *La Publicidad* de Barcelona. Asimismo, se trata de prólogos, introducciones o estudios preliminares a las más diversas obras ajenas; a modo de ejemplo, mencionemos el *Prólogo* a F. Giner de los Ríos, *Estudios jurídicos*, Sucesores de Rivadeneyra, Madrid, 1878, la *Introducción* a Concepción Arenal, *Ensayo sobre el Derecho de gentes*, Imprenta de la Revista de Legislación y Jurisprudencia, Madrid, 1879 y el *Estudio preliminar* a la edición del *Código civil de la República de Chile*, Colección de Códigos Aguilar, Madrid, 1881.

Finalmente, para los manuscritos inéditos, nos remitimos a la obra citada de P. de Azcárate, páginas 596 y ss.

VII

Bibliografía citada

ABELLÁN, J. L., *Historia crítica del pensamiento español*, Madrid, IV, 1984, y V, 1989.

AHRENS, H., *Curso de Derecho Natural o Filosofía del Derecho completado con las principales materias y ojeadas históricas y políticas*, trad. por R. Navarro Zamorano, Madrid, 1841.

—, *Enciclopedia Jurídica o exposición orgánica de la ciencia del Derecho y del Estado*, trad. y anot. por F. Giner de los Ríos y G. de Azcárate con la colaboración de A. González Linares, 3 tomos, Madrid, 1878-1880.

ARTOLA, M., *Partidos y programas políticos. 1808-1936*, 2 tomos, Madrid, 1974.

AZCÁRATE, Pablo de, *Notas a la Enciclopedia Jurídica de Ahrens, por F. Giner de los Ríos y G. de Azcárate*, con una nota sobre los arrendamientos rústicos y pecuarios por J. Costa, Madrid, 1965.

—, *Gumersindo de Azcárate. Estudio biográfico documental. Semblanza, epistolario, escritos*, Madrid, 1969.

AZCÁRATE, Patricio de, *Exposición histórico crítica de «los sistemas filosóficos modernos» y los ver-*

daderos principios de la ciencia, 4 tomos, Madrid, 1861.

CACHO VIU, V., *La Institución Libre de Enseñanza*, I, Madrid, 1962.

CALERO AMOR, A. M., *Los precursores de la Monarquía Democrática*, en *La España de la Restauración. Política, economía, legislación y cultura*, ed. cuidada por J. L. García Delgado, Madrid, 1985.

CALLE, M. D. de la, *La Comisión de Reformas Sociales. 1883-1903. Política y conflicto de intereses en la España de la Restauración*, Madrid, 1989.

CARANDE, R., *Azcárate en sus últimos años*, en *Ínsula*, 1967.

CARO BAJORA, J., *«Miedo al mono» o la causa directa de la «cuestión universitaria»*, en *Centenario de la Institución Libre de Enseñanza*, Madrid, 1977.

CARONI, P., *Anton Menger ed il Codice civile svizzero*, en *Quaderni fiorentini per la storia del pensiero giuridico moderno*, 3-4, 1974-1975, t. I.

CIMBALI, E., *La nuova fase del diritto civile nei rapporti economici e sociali con proposte di riforma della legislazione civile vigente*, Turín, 1881, trad. por F. Sánchez Román, Madrid, 1893.

COING, H., *Derecho Privado Europeo*, II, trad. por A. Pérez Martín, Madrid, 1996.

CUENA CASAS, M., *Función del poder de disposición en los sistemas de transmisión onerosa de los derechos reales*, Barcelona, 1996.

DE CASTRO Y BRAVO, F., *Derecho civil de España*, I, 2.ª ed., Madrid, 1949, reimpr. en un vol. 1984.

DE LOS MOZOS, J. L., *Estudio preliminar*, en *El Código civil. Debates parlamentarios. 1885-1889*, I, Madrid, 1989.

—, *La «cultura jurídica» del Código civil, una aproximación a su estudio*, en *Centenario del Código civil* (Asociación de Profesores de Derecho civil), I, Madrid, 1990.

—, *El hipotecarista Francisco de Cárdenas: trabajos y empeños de su vida y de su obra*, Madrid, 1997.

DI MAJO, A., *Enrico Cimbali e le idee del socialismo giuridico*, en *Quaderni fiorentini per la storia del pensiero giuridico*, 3-4, 1974-1975, t. I.

DÍAZ, E., *Estudio preliminar*, en *Minuta de un testamento*, Barcelona, 1967.

—, *La filosofía social del krausismo español*, Madrid, 1973.

DILCKER, G., *Genossenschaftstheorie und Sozialrecht: Ein «Juristensozialismus» Otto von Gierke*, en *Quaderni fiorentini per la storia del pensiero giuridico moderno*, 3-4, 1974-1975, t. I.

DOMÍNGUEZ NAFRIA, J. C., *El jurisconsulto Benito Gutiérrez, entre la historia y la razón*, Madrid, 1997.

FILOMUSI-GUILFI, F., *Enciclopedia giuridica ad uso dei lezioni*, Nápoles, 1874.

GARCÍA CARRAFFA, A. y A., *Azcárate*, Madrid, 1917.

GARCÍA DE VALDEAVELLANO, L., *Don Gumersindo de Azcárate, historiador. (Con motivo de un cincuentenario)*, en Boletín de la Real Academia de la Historia, 1969.

—, *Historiadores en la Institución*, en Centenario de la Institución Libre de Enseñanza, Madrid, 1977.

GARCÍA GOYENA, F., *Concordancias, motivos y comentarios del Código civil*, 3 tomos, Madrid, 1852, reimpr. en un vol. por J. L. Lacruz Berdejo, Zaragoza, 1974.

GIBERT, R., *Ihering en España*, en Ihering Erbe, a cargo de F. Wieacker y M. Wollschläger, Gotinga, 1970.

—, *Benito Gutiérrez: redactor y orador del Código civil*, en Centenario del Código civil, V, dirigido por F. Rico Pérez, Madrid, 1993.

GIERKE, O. V., *Der Entwurf eines Bürgerlichen Gesetzbuches und das Deutsche Recht*, Berlín, 1888-1889.

—, *Die Soziale Aufgaben des Privatrechts*, Berlín, 1889.

GIL CREMADES, J. J., *El reformismo español. Krausismo, escuela histórica y neotomismo*, Barcelona, 1969.

GONZÁLEZ Y MARTÍNEZ, J., *Estudios de Derecho Hipotecario y Derecho Civil*, III, Madrid, 1948.

GONZÁLEZ VICEN, F., *La teoría del Derecho y el problema del método en Otto von Gierke*, en Estudio de Filosofía del Derecho, La Laguna, 1979.

GUTIÉRREZ FERNÁNDEZ, B., *Códigos o estudios fundamentales sobre el Derecho civil español*, 7 tomos, Madrid, 1862-1876, reimpr. facs. por Lex Nova, Valladolid, 1988.

HERNÁNDEZ-GIL ÁLVAREZ-CIENFUEGOS, A., *El Congreso Jurídico de 1886 de la Real Academia de Jurisprudencia*, en *Analaes de la Real Academia de Jurisprudencia y Legislación*, 19, 1988.

IRTI, N., *Introduzione allo studio del diritto privato*, Turín, 1974.

JIMÉNEZ-LANDI MARTÍNEZ, *La Institución Libre de Enseñanza y su ambiente. Los orígenes*, Madrid, 1973.

LAPORTA, F. J., *Adolfo Posada: política y sociología en la crisis del liberalismo español*, Madrid, 1974.

—, *Reseña*, en *El País* (Suplemento cultural Babelia), de 17 de enero de 1998.

LEGAZ LACAMBRA, L., *El pensamiento social de Gumersindo de Azcárate*, en *Estudios de Historia Social de España*, I, Madrid, 1960.

MARCOS OTERUELO, A., *El pensamiento de Gumersindo de Azcárate*, León, 1981.

MENGER, A., *Das bürgerliche Recht und Besitzlosen Volksklassen*, Viena, 1889, trad. por A. Posada, Madrid, 1898; reimpr. facs. por Comares, con estudio preliminar de J. L. MONEREO PÉREZ, *Reformismo social y socialismo jurídico*, Granada, 1998.

OLIVER Y ESTELLER, B., *Derecho inmobiliario español. Esposición fundamental y sistemática de la Ley hipotecaria*, I, Madrid, 1892.

Ortega y Gasset, J., *Nota necrológica*, en *EL Sol*, de 15 de diciembre de 1917.

Orrù, G., *«Idealismo» e «realismo» nel socialismo giuridico di Menger*, en *Quaderni fiorentini per la storia del pensiero giurdico moderno*, 3-4, 1974-1975, t. I.

Palacio Morena, J. I., *La institucionalización de la reforma social en España (1883-1924). La Comisión y el Instituto de Reformas Sociales*, Madrid, 1986.

Pau Pedrón, A., *Clarín, Ganivet, Azaña. Pensamiento y vivencia del Derecho*, Madrid, 1994.

—, *Bienvenido Oliver, en el pensamiento español del siglo XIX*, Madrid, 1997.

Pérez-Prendes, J. M., *Las ciencias jurídicas*, en *Historia de España Menéndez Pidal*, XXXIX-II, coord. por P. Laín Entralgo, Madrid, 2.ª ed. 1996.

Petit, C., *El Código inexistente (I),* en *Anuario de Derecho Civil,* 1995, y *(II)*, en *Ibídem,* 1996.

Reformas Sociales, *Información oral y escrita, practicada en virtud de la Real Orden de 5 de diciembre de 1883*, 5 tomos, Madrid, 1889-1893, reimpr. facs. 1986.

Reich, N., *Der Juristensozialismus von Anton Menger (1841-1906). Im Neunzehnten Jahrhundert und Heute*, en *Quaderni fiorentini per la storia del pensiero giurdico moderno*, 3-4, 1974-1975, t. I.

Rogel, C., *El abogado*, en *Manuel Alonso Martínez. Vida y obra*, coord. por C. Rogel y C. Vattier, Madrid, 1991.

Sabate Bayle, I., *Préstamo con interés, usura y cláusulas de estabilización*, Pamplona, 1986.

Sánchez García, J., *Melquíades Álvarez: Catedrático de Derecho romano de la Universidad de Oviedo. (Modernidad de sus planteamientos romanísticos)*, Oviedo, 1987.

Sánchez Ocaña, R., *Congreso Jurídico Español de 1886*, en *Revista General de Legislación y Jurisprudencia*, 69, 1886.

Sánchez Román, F., *Estudios de ampliación del Derecho civil y Códigos españoles*, Granada, 1879.

—, *Técnica jurídica*, en *Revista General de Legislación y Jurisprudencia*, 51, 1881.

—, *Estudios de Derecho civil*, I, Madrid, 1899.

Serrano García, R., *La élite parlamentaria leonesa: entre Fernando Merino y Gumersindo de Azcárate*, en *Élites castellanas en la Restauración. Una aproximación al poder político en Castilla*, II, dirigido por P. Carasa Soto, Salamanca, 1997.

Sosa, N. de, *Patricio de Azcárate, un leonés universal*, Salamanca, 1982.

Suárez Cortina, M., *El reformismo en España*, Madrid, 1986.

Tuñón de Lara, M., *Medio siglo de cultura española (1885-1936)*, Madrid, 2.ª ed. 1971.

Torregrosa Peris, J. R., *El pensamiento político de Don Gumersindo de Azcárate*, en *Revista de Estudios Políticos*, 135-136, 1964.

Tur Ferrer, A., *El pensamiento social de Gumersindo de Azcárate*, Madrid, 1995.

Unamuno, M., *Responso*, en *El Día*, de 17 de diciembre de 1917.

Varela Ortega, J., *Los amigos políticos. Partidos, elecciones y caciquismo en la Restauración (1875-1908)*, Madrid, 1977.

Vattier Fuenzalida, C., *Alonso Martínez, la codificación y la ciencia del Derecho civil en el siglo XIX*, en *Manuel Alonso Martínez. Vida y obra*, coord. por C. Rogel y C. Vattier, Madrid, 1991.

Vera, J., *Informe de la Agrupación Socialista Madrileña ante la Comisión de Reformas Sociales*, Madrid, 1884.

Wieacker, F., *Ihering y el «darwinismo»*, en *Anales de la Cátedra Francisco Suárez*, 18-19, 1978-1979.

Wilhelm, W., *La metodología jurídica en el siglo XIX*, trad. por A. Álvarez de Morales, Madrid, 1980.

CARLOS VATTIER FUENZALIDA, Doctor en Derecho por la Universidad de Salamanca, ha sido Profesor Titular en Palma de Mallorca, León y Valladolid y es actualmente Catedrático de Derecho civil en la Universidad de Burgos y Decano de la Facultad de Derecho.

Por otra parte, ha impartido cursos de doctorado en la Universidad de Poitiers y en la Universidad Católica de Puerto Rico. Ha sido Consultor de la FAO y es miembro del Instituto de Derecho Agrario Internacional y Comparado, de Florencia, y de la Asociación Mundial de Agraristas Universitarios.

Finalmente, ha publicado varias monografías y numerosos artículos, en especial, sobre Derecho agrario, Derecho de obligaciones y contratos, y Derecho sucesorio; por la índole de esta obra, conviene mencionar que ha coordinado en colaboración con C. Rogel Vide el libro *Manuel Alonso Martínez. Vida y obra* (Madrid, 1991). Entre sus últimos trabajos, destacan *Para la unificación internacional del Derecho de obligaciones en la Unión Europea* (RDP, 1994); *Las cláusulas abusivas en los contratos de adhesión* (Burgos, 1994); *Las nuevas liberalidades de mecenazgo* (ADC, 1996); *Comentarios a la Ley de arrendamientos urbanos* (Arts. 1, 2, 3 y 7), coordinados por C. Lasarte Álvarez (Madrid, 1996); traducción en colaboración con J. M. de la Cuesta del *Contract Code* del Prof. H. McGregor (Barcelona, 1997), y *Observaciones sobre la constitución, la modificación y la extinción de las fundaciones* (La Ley, 1998).

Colección *Biblioteca del Seminario Jerónimo González*

José Luis de los Mozos, *El hipotecarista Francisco de Cárdenas. Trabajos y empeños de su vida y de su obra.*

Antonio Pau Pedrón, *Bienvenido Oliver, en el pensamiento español del siglo XIX.*

Juan Carlos Domínguez Nafría, *El jurisconsulto Benito Gutiérrez, entre la historia y la razón.*

Manuel Medina de Lemus, *Don Calixto Valverde, una vocación universitaria.*

Gabriel García Cantero, *El maestro Castán.*

Luis Roca-Sastre Muncunill, *Ramón María Roca Sastre, jurista en su vida y en su obra.*

Carlos Vattier Fuenzalida, *Gumersindo de Azcárate y la renovación de la ciencia del derecho en el siglo XIX.*

Próximos volúmenes:

José María Castán Vázquez, *Don Pedro Gómez de la Serna, jurista y político.*

Pedro de Pablo Contreras, *Felipe Sánchez Román. Trayectoria de un civilista en el período codificador.*

Pedro Munar Bernat, *Claudio Antón de Luzuriaga, ministro, magistrado y precursor de la codificación.*

Antonio Rodríguez Adrados, *Gonzalo de las Casas, y las reformas legislativas de su época.*

Diego Espín Cánovas, *Don Felipe Clemente de Diego, en la ciencia y la aplicación del Derecho.*

Jorge Caffarena Laporta, *La aportación del profesor Demófilo de Buen.*

Carlos Lasarte Álvarez, *Alfonso de Cossío: Teoría y práctica del Derecho.*

Juan José González Rivas, *Pascual Marín Pérez. Biografía y aportaciones a la ciencia jurídica.*

Jesús Delgado Echeverría, *Vida y obra del profesor Lacruz Berdejo.*

Antonio Pau Pedrón, *Don León Galindo, entre leyes y palabras.*